Breve manual
de finanças pessoais

Editora Appris Ltda.
1.ª Edição - Copyright© 2025 dos autores
Direitos de Edição Reservados à Editora Appris Ltda.

Nenhuma parte desta obra poderá ser utilizada indevidamente, sem estar de acordo com a Lei n° 9.610/98. Se incorreções forem encontradas, serão de exclusiva responsabilidade de seus organizadores. Foi realizado o Depósito Legal na Fundação Biblioteca Nacional, de acordo com as Leis n°s 10.994, de 14/12/2004, e 12.192, de 14/01/2010.

Catalogação na Fonte
Elaborado por: Dayanne Leal Souza
Bibliotecária CRB 9/2162

U579b
2025
	Ubal, María Eugenia de León
	    Breve manual de finanças pessoais / María Eugenia de León Ubal.
	    – 1. ed. – Curitiba: Appris, 2025.
	    123 p. ; 21 cm.
	
	    Inclui referências.
	    ISBN 978-65-250-7610-2
	
	    1. Autonomia financeira. 2. Organização doméstica. 3. Bem-estar econômico. I. Ubal, María Eugenia de León. II. Título.
	
	    CDD – 332.024

Editora e Livraria Appris Ltda.
Av. Manoel Ribas, 2265 – Mercês
Curitiba/PR – CEP: 80810-002
Tel. (41) 3156 - 4731
www.editoraappris.com.br

Printed in Brazil
Impresso no Brasil

María Eugenia de León Ubal

Breve manual
de finanças pessoais

Curitiba, PR
2025

FICHA TÉCNICA

EDITORIAL	Augusto V. de A. Coelho
	Sara C. de Andrade Coelho
COMITÊ EDITORIAL	Ana El Achkar (Universo/RJ)
	Andréa Barbosa Gouveia (UFPR)
	Jacques de Lima Ferreira (UNOESC)
	Marília Andrade Torales Campos (UFPR)
	Patrícia L. Torres (PUCPR)
	Roberta Ecleide Kelly (NEPE)
	Toni Reis (UP)
CONSULTORES	Luiz Carlos Oliveira
	Maria Tereza R. Pahl
	Marli C. de Andrade
SUPERVISORA EDITORIAL	Renata C. Lopes
PRODUÇÃO EDITORIAL	Sabrina Costa
REVISÃO	Camila Dias Manoel
DIAGRAMAÇÃO	Amélia Lopes
CAPA	Lívia Costa
REVISÃO DE PROVA	Daniela Nazario

"Essas liberdades cívicas continuam sendo abstratas quando não são acompanhadas de uma autonomia econômica."

Simone de Beauvoir

AGRADECIMENTOS

Agradeço à minha família, pelo amor, e aos meus amigos, por me motivarem a seguir com este projeto.

Agradeço ao meu editor, Leroy Gutierrez, que me ajudou a levar adiante este livro. Sem você, teria sido muito mais difícil.

APRESENTAÇÃO

EM BUSCA DA INDEPENDÊNCIA FINANCEIRA

Este livro é dirigido às mulheres — desculpem, homens. É que, se há algo com o que estou comprometida, é que as mulheres alcancem a independência financeira e, a partir daí, a autonomia. Se, ao ler um dos seguintes perfis, você disser "Essa sou eu!", então, este livro é para você.

Você é quem realiza as tarefas domésticas e de cuidado não remuneradas, quem possibilita que outras pessoas (seu parceiro, seus filhos, algum familiar) possam se dedicar às atividades que querem e que os fazem felizes. Claro que cuidar dos outros é satisfatório, mas isso não deve significar que você se esqueça dos seus sonhos. Você está há anos trabalhando na mesma organização, mas tem vontade não só de fazer algo que adore, mas que também permita obter rendimentos maiores do que os que recebe por seu trabalho assalariado. É claro que trabalhar para outra pessoa tem suas vantagens, porém, provavelmente você chegou a um ponto da vida em que quer colocar em prática aquela ideia que fica girando em sua cabeça.

Você é uma empreendedora que se lançou ao mercado e descobriu que não basta ter uma ideia genial e investir muitas horas de trabalho para obter resultados satisfatórios. Estar motivada ou ter uma boa ideia não é suficiente para que um negócio funcione e lhe dê benefícios. É imprescindível que você aplique alguns critérios de administração e finanças.

Em poucas palavras, porque sei que seu tempo é valioso — já falaremos disso mais adiante —, ao ler este livro, você:

1. Conhecerá alguns conceitos e técnicas que ajudarão a gerenciar melhor suas finanças pessoais e assim alcançar a igualdade e a autonomia que merece. E espero que também o bem-estar.

2. Encontrará ferramentas úteis para que, caso assim deseje, tenha coragem de iniciar seu empreendimento.

3. Aprenderá a compreender suficientemente bem o ambiente e todos os riscos que ameaçam seu empreendimento. Ou seja, você aprimorará seu pensamento financeiro. Faça o que você ama e nunca mais terá que trabalhar.

Há mais algumas coisas que gostaria de lhe dizer antes de começarmos esta jornada. A primeira é que gostaria que você sentisse que este livro é um guia, que lê-lo é uma forma de acompanhamento que, além de lhe oferecer informações, também estimulará você a acreditar em si mesma, a seguir em frente, mesmo quando as coisas parecem mais difíceis do que imaginava. Lembre-se, quem persevera, alcança. E a outra coisa que queria propor é que você se comprometa a implementar os conselhos e aplicar os recursos deste livro, pois aprender a gerenciar suas finanças pessoais não é algo que você possa alcançar da noite para o dia. Se você tiver paciência e especialmente dedicação, verá como sua vida mudará pouco a pouco e, espero, ficará mais satisfeita com ela.

SUMÁRIO

O QUE A UNIVERSIDADE NÃO ME ENSINOU SOBRE O DINHEIRO...13

1
PRIMEIRO, VAMOS FALAR DE RENDIMENTOS...................................17

2
INEVITÁVEIS, MAS JUSTOS: OS GASTOS..59

3
ECONOMIZAR: O QUE, COMO E QUANDO..95

4
INVESTIMENTO: PENSAR NO FUTURO 109

5
A IMPORTÂNCIA DE AGRADECER.. 119

REFERÊNCIAS... 121

O QUE A UNIVERSIDADE NÃO ME ENSINOU SOBRE O DINHEIRO

Vou contar a minha história: nasci em uma família de classe média na fronteira Uruguai-Brasil. Como queria me formar como economista, aos 18 anos tive que deixar minha casa para viver em Montevidéu ou Porto Alegre, e como meus pais são uruguaios me mandaram para Montevidéu. Uma experiência tremenda quando se é jovem e inexperiente. Tinha o futuro pela frente e estava cheia de expectativas maravilhosas. Mas não tinha passado nem um mês vivendo sozinha quando fiquei sem dinheiro. Fiquei em choque e, obviamente, minha autoestima se ressentiu. Talvez você possa pensar que não era para tanto, que coisas assim acontecem a todos, especialmente aos jovens. Mas você deve saber que, desde pequena, eu havia desenvolvido o hábito de economizar e pensava que sabia gerenciar meus recursos de maneira responsável e eficiente, mas não tinha percebido que não tinha ideia de como administrar minhas finanças pessoais.

Na casa dos meus pais nunca se falava de dinheiro de maneira clara, pois eles sempre tiveram uma fobia de dinheiro. Para complicar ainda mais a situação, cada um tinha um conceito diferente ou, melhor dizendo, oposto sobre o dinheiro. Para o meu pai, era uma coisa séria, deveria ser guardado e investido. Para a minha mãe, era para ser aproveitado, deveria servir para satisfazer os desejos.

Esse ambiente familiar, onde falar de dinheiro não era fácil, produziu um resultado interessante. Aos 5 anos, já sabia que o dinheiro era um assunto importante na vida das pessoas. Lembro-

-me de quando, nessa época, minha mãe me levou para comprar um maiô em uma loja que estava na moda. O maiô que ela escolheu para mim era lindo: azul-escuro com detalhes em azul-claro. Eu adorava! O problema era que eu estava consciente de que, se minha mãe comprasse, haveria uma discussão em casa. Por isso, contra todas as expectativas, disse que não o queria, embora, por dentro, eu o desejasse muito. Essa experiência me fez aprender minha primeira lição sobre dinheiro: é preciso falar sobre ele.

Além da fobia de dinheiro, em minha casa não tínhamos um grande orçamento. Corrijo-me, o orçamento familiar era apertado, o que significava que, se gastássemos muito e mal, depois não haveria dinheiro para assuntos importantes. Graças a essa circunstância, que estava muito clara e não admitia outras interpretações, aprendi minha segunda lição sobre dinheiro: **é preciso otimizar os recursos**.

Foi assim que, aos 12 anos, comecei a me encarregar de comprar roupas para meus irmãos. Por que, sendo tão pequena, eu era responsável por isso?! Certamente você deve estar se perguntando. A resposta é simples, eu gerenciava o dinheiro muito bem. Lembra-se de que eu disse que minha mãe pensava que o dinheiro servia para satisfazer desejos? Bem, ao contrário da minha mãe, eu comprava apenas o que meus irmãos precisavam e, assim, fazia o dinheiro render o dobro. Claro, graças a mim, eles nunca usaram roupas de marca — algo que ainda é motivo de conversa nas reuniões familiares. Além disso, vivendo na fronteira, não havia desculpa para não buscar os melhores preços.

Com o treinamento que tinha e a experiência acumulada, aos 15 anos pedi à minha avó para me encarregar de comprar os presentes de Natal. Eu estava arriscando. Todos temos expectativas muito altas em relação aos presentes que recebemos no Natal e não é fácil agradar diferentes pessoas. Mas eu confiava em mim. No final, consegui comprar uns lindos conjuntos de roupa para todos e, o melhor de tudo, pelo preço que minha mãe e minha avó teriam pagado por um par de chinelos, o presente tradicional de todos os anos. Outra lembrança que tenho da relação da minha família com o dinheiro pertence à minha época de estudante. Naquela época, eu tinha pedido à minha mãe e à minha avó que me dessem as moedas que sobravam dos trocos. E é que a terceira lição que aprendi sobre o dinheiro foi: no início, poupar parece um gesto insignificante, mas em longo prazo produz um grande resultado. De fato, com o tempo, consegui juntar bastante dinheiro dessa maneira. Claro, era preciso ter paciência para juntá-lo e a constância de não gastá-lo. Mas, depois de viajar à minha infância na máquina do tempo, quero voltar ao momento em que percebi que não sabia administrar minhas finanças pessoais, quando era estudante universitária. Então, depois de me recuperar da melhor forma possível do trauma, comecei a trabalhar para melhorar o gerenciamento do meu dinheiro. Era isso ou voltar para Rivera. Essa mudança me permitiu, anos mais tarde, por exemplo, emprestar dinheiro à minha colega de apartamento sempre que ela precisava para chegar ao fim do mês. Se você se pergunta o que há de surpreendente nessa história, devo acrescentar que minha amiga havia se formado em Contabilidade, tinha um bom cargo em uma empresa, e eu era teleoperadora e meu salário equivalia a 25% do dela.

    Para não prolongar mais essa história, conto que me formei em Economia e trabalhei nas áreas de contabilidade, administração e finanças, mas descobri que minha verdadeira vocação era:

    Compartilhar com o mundo tudo o que aprendi sobre finanças pessoais e, por extensão, economia do lar. Não tenho dúvidas de que minha inclinação por este tema está relacionada com minha experiência familiar, mas também tem a ver com as experiências das outras pessoas que conheci. Vi que não importa a classe social de onde você vem, o país onde vive ou o ambiente em que se encontra, há muitas coisas que você pode fazer para que sua vida seja mais organizada e satisfatória de todos os pontos de vista, mas especialmente do ponto de vista econômico. Por isso, proponho que iniciemos esta jornada na qual compartilharei com você conselhos e ferramentas que certamente tornarão mais fácil a gestão tanto das suas finanças pessoais quanto da economia do seu lar. O melhor de tudo é que, se aplicar os conselhos e usar as ferramentas, você terá mais tempo e dinheiro para desfrutar das coisas que a fazem feliz. Prometo que você não se decepcionará.

Essas liberdades cívicas continuam sendo abstratas quando não são acompanhadas de uma autonomia econômica.

(Simone de Beauvoir)

1

PRIMEIRO, VAMOS FALAR DE RENDIMENTOS

Tive a tentação de começar a falar sobre o que é poupança, das diferentes táticas que existem para economizar e da sua importância para as finanças pessoais, mas percebi que sem rendimentos não há poupança e me detive. Se seus rendimentos somam 0, não é possível que você possa reservar uma parte e guardá-la como forma de poupança. Você não pode acumular algo que não tem. Então, pensei que deveria falar sobre rendimentos, a base das finanças de qualquer pessoa e de todas as organizações, mesmo aquelas que não visam lucro.

Por que é importante falar sobre dinheiro

Segundo a jornalista Nathalia Arcuri, há muitas pessoas que sofrem de medo de falar sobre dinheiro, ou seja, sofrem do que ela chama de fobia de dinheiro. Mas como isso se manifesta? Sinais inequívocos de fobia de dinheiro são considerar que é feio falar sobre dinheiro e divisão de despesas; sentir vergonha de pedir desconto; ter medo de pedir um aumento; pensar que os ricos são maus e os pobres são bons; estar convencida de que investir é algo para pessoas que têm muito dinheiro e acreditar que Deus nos ajudará a pagar as dívidas que temos. Em outras palavras, a fobia de dinheiro é se recusar a tomar consciência da importância do dinheiro e falar sobre ele.

O conceito de Arcuri pode ser vinculado a outros como crometofobia, o medo extremo de gastar dinheiro; e os vieses cognitivos, uma noção que vem da disciplina da economia comportamental. A crometofobia pode levar uma pessoa a não pagar suas contas ou deixar de socializar para não ter que gastar dinheiro, já que isso lhe causa muito estresse e ansiedade. Por sua vez, o viés do presente, que faz com que uma pessoa valorize mais uma gratificação imediata do que uma futura, e a aversão à perda, que leva uma pessoa a não tomar nenhuma decisão que implique a perda daquilo que lhe custou esforço para acumular, também influenciam a maneira como nos relacionamos com o dinheiro.

Parceria e dinheiro

Agora, a fobia de dinheiro não afeta apenas suas finanças, mas também suas relações interpessoais. Muitas relações acabam porque as pessoas não conseguem chegar a um acordo sobre questões importantes como o dinheiro. Sei disso porque conheci vários casais que se separaram devido à fobia de dinheiro, começando pelos meus pais. Como contei no início, eles tinham visões opostas sobre o dinheiro e, para piorar a situação, não conseguiam falar sobre isso, o que fez com que, quando eu tinha 9 anos, se separassem. No início foi difícil, mas cada um se sentiu aliviado porque, a partir daquele momento, podiam viver como achavam melhor. Claro, em termos econômicos, nem tudo foi um mar de rosas, pois as separações são financeiramente custosas, mas depois meu pai iniciou seu negócio e nossa economia melhorou.

Também conheço o caso de uma mulher que havia acabado de se divorciar e estava em uma situação econômica muito ruim. Ela nunca falava sobre dinheiro, nem com seus pais, pessoas de classe média alta cuja empresa havia falido, nem com seu ex-marido, um empresário bem-sucedido. Isso fez, por exemplo, que ambos contribuíssem com a mesma quantia para o orçamento familiar, apesar de ele ter uma renda muito alta e ela ganhar apenas o salário mínimo no seu trabalho. Inevitavelmente, essa situação gerou muitos desentendimentos e fricções, e fez com que o casamento terminasse. O pior não foi a separação, mas que ela ficou em uma situação muito precária, pois enquanto esteve casada não conseguiu economizar nada.

Ninguém diz que o primeiro passo em um relacionamento de casal é abrir uma conta conjunta e elaborar um orçamento das despesas comuns, mas, se a relação pretende durar, essa será uma decisão inevitável. Certamente, entre os casais mais jovens, aumentou o percentual que prefere manter contas separadas — 28% entre os casais de 25 a 40 anos, segundo um estudo do Bank of America de 2018 —, no entanto decidir juntar o dinheiro e administrá-lo de forma conjunta certamente contribuirá para a confiança e também para manter a ordem nas finanças do lar. Por exemplo, se em um casal cada um pensa de uma maneira muito diferente sobre o dinheiro — ele é um gastador compulsivo enquanto ela é uma poupadora rigorosa —, decidir abrir uma conta conjunta pode ajudar a resolver suas discrepâncias em relação ao dinheiro. Ninguém disse que seria fácil, embora haja fatores que possam ajudar. Neste caso fictício, ambos têm bons rendimentos, por isso podem se permitir contribuir com uma porcentagem fixa para a conta e usar o resto do dinheiro como quiserem.

Há ainda um benefício extra em gerir o dinheiro em conjunto, que é a equidade, pois, quando um dos membros do casal ganha mais do que o outro, não é justo que dividam as despesas igualmente. Por isso, adoro o exemplo do casal que, embora seus rendimentos sejam diferentes, ou melhor, por isso mesmo, todas as decisões são tomadas em conjunto. Não há atritos, porque, se há algo que um quer comprar e o outro não concorda, respeita-se ou tenta-se explicar o motivo para fazer aquela despesa. Afinal, tanto ter um relacionamento quanto ter uma conta conjunta tem a ver com estabelecer um acordo seguindo certas normas. Para estabelecer as diretrizes pelas quais você pode se guiar, tente responder às seguintes perguntas: qual é o nosso orçamento mensal? Por que queremos ter uma conta conjunta? Quais são os objetivos e metas? E, no caso de faltar dinheiro, alguém gastar demais ou não concordarmos sobre o que fazer com o dinheiro, como resolveremos isso?

Filhos e dinheiro

E, assim como um relacionamento de casal pode se consolidar graças à superação da fobia de dinheiro, o vínculo com os filhos também se beneficiará com a conversa sobre dinheiro em casa. Para isso, é importante que eles estejam a par do orçamento familiar, quais são os gastos que a família tem, de onde vêm as receitas e quais são as metas familiares, como educação, casa (aluguel ou hipoteca), poupança e lazer. Embora talvez seja necessário começar mais lentamente e narrar histórias familiares, tanto de sucesso quanto de fracasso financeiro, que sirvam para exemplificar os valores da família, lembre-se de que não são apenas as histórias de sucesso que nos permitem aprender. Além disso, também é conveniente esperar os momentos oportunos para falar com seus filhos sobre dinheiro. Claro, os dias em que o consumismo está em alta, como as festas de fim de ano, não são uma boa ocasião para falar de poupança e gestão de despesas. Em qualquer caso, o mais importante é que você consiga incutir alguns princípios relacionados à boa gestão do dinheiro e à importância da poupança. Por isso, nas vezes que podemos viajar em família, meu esposo e eu decidimos dar a cada um de nossos filhos, um pequeno e outro adolescente, um valor para gastar. Sendo o único dinheiro de que dispõem durante a viagem, devem decidir em que realmente querem gastá-lo. Caso gastem tudo e peçam mais, ao retornar da viagem terão que devolvê-lo com suas economias. Graças a isso, conseguimos que nossos filhos desenvolvessem uma atitude de cuidado com o dinheiro e responsabilidade com os gastos. Durante as viagens, meu filho mais velho anota seus gastos e os do irmão. E, caso tenham pedido um extra, o mais velho lembra ao irmão que estão em dívida conosco. Talvez o mais importante dessa dinâmica seja a oportunidade de falar sobre dinheiro e seu valor, evitando assim a fobia de dinheiro ou criando um tabu sobre falar de dinheiro.

Depois de expor a importância de falar sobre dinheiro, quero abordar o tema das receitas, já que sem elas é difícil que existam finanças pessoais ou economia do lar. E, como mencionei no início do livro, me dirigirei primeiro às mulheres que trabalham em casa, depois às que trabalham para terceiros e sonham em empreender e, por último, àquelas que já têm um empreendimento, embora essa divisão seja bastante arbitrária e o único objetivo seja facilitar a organização do conteúdo e sua compreensão, pois entender como gerenciar as despesas é algo útil para qualquer pessoa, não apenas para mulheres, mas também para homens.

Como profissional, mãe e chefe de família — como muitas mulheres hoje em dia —, tive que enfrentar o enorme desafio de adaptar minha carreira às necessidades dos meus filhos. Assim, o desenvolvimento deles determinou minha vida profissional durante os últimos 20 anos. Durante esse tempo, tive que implementar estratégias que se adaptassem às vicissitudes da vida familiar.

As estratégias que reconheço como as mais relevantes e que me ajudaram nesse processo foram as seguintes:

1. *Organizar os tempos. Sempre foi fundamental para mim organizar e distribuir o tempo entre as diferentes atividades.*

Isso me permitiu cumprir todas elas, com energia suficiente para cada uma. Planejo tanto os horários de cada dia quanto os de toda a semana para realizar todas as tarefas.

2. *Planejar a alimentação e ir ao supermercado ou à feira local uma vez por semana para adquirir o necessário para toda a semana. Com isso, economizo não apenas tempo, mas também dinheiro.*

3. *Enviar meus filhos para instituições educativas com jornadas de extensão horária para contar com a maior quantidade de tempo para minhas tarefas profissionais e com a tranquilidade necessária.*

4. *Envolver o pai dos meus filhos nas responsabilidades diárias e pedir ajuda a outras pessoas quando meus compromissos profissionais assim o exigirem.*

5. *Reservar tempo para atividades físicas e recreativas, tanto sozinha quanto em família ou com amigos. Isso, entre outras coisas, me ajuda a manter um bom ânimo e humor, fundamentais para que tudo funcione bem. Finalmente, recomendo a jovens, mulheres, profissionais e mães que não renunciem ao seu crescimento pessoal e profissional diante do nascimento de seus filhos, porque esse desenvolvimento pessoal resulta no bem-estar não só econômico, mas também, e fundamentalmente, psicológico deles.*
(Verónica, advogada)

Se você trabalha em casa

Antes de mais nada, quero dizer que você é uma gênia. Sim, você é uma gênia capaz de realizar diferentes tarefas simultaneamente, de cuidar das necessidades de várias pessoas e de fazê-lo de forma satisfatória. Digo isso porque você tem uma grandíssima capacidade de gestão, a mesma que pode colocar a serviço de suas finanças. A mulher que realiza tarefas domésticas e de cuidado não remuneradas está a um passo de começar a empreender e a dois passos de ser uma empreendedora.

O valor do que você faz

Antes de começar, acho fundamental definir o que se obtém ao realizar as tarefas domésticas e o trabalho não remunerado. A maioria das pessoas pensa que esse é um tipo de trabalho que se faz "de graça", mas é difícil encontrar neste mundo uma atividade que se faça sem nada em troca. Então, trata-se mais de dar amor em troca da satisfação de ver seus entes queridos saudáveis, seguros e felizes. As tarefas domésticas e o trabalho não remunerado têm a ver com estar ao lado de pessoas que são valiosas para você. Quanto vale sua família? Quanto vale o que ela lhe dá? Uma boa família, se dá algo, é a possibilidade de viver uma vida satisfatória.

Agora, todos fazemos tarefas domésticas e de cuidado — incluo os homens que também as realizam —, mas aquela mulher que decidiu ficar em casa para se encarregar dessas tarefas tem que identificar quanto contribui materialmente para sua família. Quando alguém deixa de lado seus objetivos pessoais — estudo e trabalho —, isso tem um valor enorme que deve ser considerado por sua família. E é que na Economia se fala de custo de oportunidade para se referir ao valor daquilo a que se renuncia quando se toma uma decisão. Por exemplo, quando você decide se dedicar às tarefas domésticas em vez de trabalhar fora de casa, o valor em dinheiro dessa decisão equivale a todos os salários e demais benefícios (13º e outras prestações) que você deixará de receber pelo trabalho que não procurou.

O valor em dinheiro do trabalho não remunerado

Dito isso, gostaria de tentar definir o valor das tarefas domésticas e de cuidado. Não é fácil, a ponto de que, durante anos, economistas e especialistas em finanças de instituições nacionais, como o Instituto Nacional de Estatística (INE) e o Banco Central, e internacionais, como a Organização Internacional do Trabalho (OIT) e o Banco Mundial, têm tentado estabelecer o valor do trabalho doméstico não remunerado sem conseguir fazê-lo de forma definitiva.

Não quero te aborrecer, mas conto rápido que, dependendo do país, o valor total do trabalho doméstico realizado por 70% das mulheres representa entre 20% e 25% do valor monetário de todos os bens e serviços que um país produz em um ano, o que chamam de Produto Interno Bruto (PIB). Vou te dizer de outra forma: o trabalho realizado majoritariamente por mulheres e pelo qual não recebem dinheiro, se pudesse ser quantificado, seria equivalente a 25% do valor da economia de muitos dos países da América Latina e do Caribe. Em alguns casos, o valor do trabalho não remunerado feito pelas mulheres seria igual ao de setores como o manufatureiro ou superaria outros como o turismo. Por esse motivo — e pela luta das mulheres —, cada vez mais se valoriza essa contribuição à economia global e se estuda para dar maior visibilidade a essas tarefas e assim fechar a lacuna de gênero.

Como ganhar dinheiro se você sempre está em casa

Boa pergunta. Felizmente, estamos no melhor momento para gerar renda sem precisar sair de casa. A pandemia de Covid acelerou duas tendências que já estavam se desenvolvendo: o trabalho de casa (*work from home*) e o auge do feito em casa, o caseiro. Ambas as tendências abrem um leque de oportunidades.

Trabalhar de casa tem quatro vantagens

1. Conciliação familiar: graças ao fato de você não precisar se deslocar de sua casa para um escritório, isso possibilita passar mais tempo com sua família.

2. Flexibilidade de horário: ao não ter que cumprir um horário fixo, você pode ajustar seu ritmo de trabalho on-line ao das demais tarefas.

3. Ambiente digital: se você iniciar um pequeno negócio, pode aproveitar todas as possibilidades que o ambiente digital oferece. Desde oferecer seus serviços ou produtos por meio de sua conta do Instagram, cobrar através de plataformas de pagamento (Mercado Pago etc.) e até entregar por aplicativos de delivery (PedidosJá). Os meios digitais, os aplicativos e as plataformas permitem desenvolver todos os aspectos do seu negócio.

4. Muitas opções: o teletrabalho veio acompanhado pelo surgimento de plataformas que facilitam a busca por trabalhos que podem ser realizados de casa. Entre essas plataformas estão Upwork, Society Gal, FlexJobs e Girl Gaze. Também existe o LinkedIn, embora não seja uma plataforma dedicada exclusivamente a oferecer trabalhos que podem ser realizados remotamente. E, já que você está interessada em gerar renda, pode aproveitar a demanda por produtos "feitos em casa". Para isso, pode recorrer à tática de identificar o que você faz bem, mas que ainda não tentou comercializar. Se começar a vender esse produto ou oferecer esse serviço, talvez descubra um negócio que permita se tornar independente no futuro. Além de ganhar dinheiro, você poderá se dedicar a algo que ama. Nada mal!

Nem tudo que reluz é ouro: desvantagens de trabalhar de casa

Assim como falei antes sobre as vantagens de trabalhar de casa, também devo mencionar algumas de suas desvantagens:

1. Tudo depende do seu esforço. Isso significa que tanto o planejamento quanto a execução de um plano dependerão de você. Da mesma forma, alcançar os objetivos ou superar os fracassos será algo que você deverá fazer sem o apoio de um chefe ou colega de trabalho.

2. A dificuldade de conciliar a vida pessoal, familiar e profissional. Desenvolver todos os aspectos da sua vida no mesmo espaço e, provavelmente, ao mesmo tempo, pode gerar muito estresse. Por isso, é importante que você consiga se organizar muito bem para poder atender a cada um dos aspectos da sua vida. Quando se fala em trabalhar de casa, uma recomendação comum é que você destine um espaço em sua casa — de preferência o mais parecido com um escritório — onde você possa se isolar das demais atividades.

3. Muitas distrações. Trabalhar de casa tem a dificuldade de apresentar inúmeras distrações, por isso você deve ser muito disciplinada para não se distrair a cada momento. Para superar esse obstáculo, também é útil ter um "escritório" como mencionei no ponto anterior.

4. Excesso de trabalho. Certamente, essa é a primeira desvantagem em que você pensou. Se adicionar novas tarefas ao seu dia a dia, isso significa que você terá que lidar com um número maior de responsabilidades, o que pode resultar em uma grande carga de trabalho e estresse. A seguir, dou algumas recomendações a esse respeito.

Uma tarefa extra

Se você pensa em ganhar dinheiro, precisa ter claro quanto deveria ganhar para justificar adicionar uma tarefa extra ao seu dia. Como já disse, as tarefas domésticas e de cuidado têm um grande valor e, obviamente, consomem tempo. Ao empreender ou realizar uma atividade que lhe sirva para gerar renda, há muitos fatores que você precisa colocar na balança.

Cuidar do seu lar é um ato de amor, então você precisa avaliar até que ponto está disposta a dedicar tempo e esforço a outra coisa. Para mim, é muito importante o tempo que dedico à criação dos meus filhos. Acho que estar com eles, para que cresçam como pessoas de bem, tem um valor enorme e é uma das minhas prioridades. Mas também preciso empreender, trabalhar e gerar minha própria renda, é uma satisfação pessoal. Assim, estou continuamente analisando quantos recursos (tempo e esforço) posso investir em outras atividades.

O tempo é um recurso limitado, por isso é preciso aproveitá-lo ao máximo. E, como o cuidado da minha família não é negociável, estou ciente de que meus outros projetos deverão ir mais devagar, sem parar. A boa notícia é que as crianças crescem e adquirem autonomia, então eventualmente você terá mais tempo para você e seus projetos. Neste ponto, o melhor conselho que posso lhe dar é que tenha objetivos intermediários que lhe sirvam para alcançar um objetivo maior em longo prazo. Isso ajudará não só a verificar se você está no caminho certo, mas também a se sentir satisfeita à medida que alcança cada objetivo.

Defina o sucesso nos seus próprios termos, alcance-o nos seus próprios termos e viva uma vida que lhe faça sentir orgulho.

(Anne Sweeney)

Algumas ideias para rentabilizar o que você já faz

Antes de tentar incluir uma nova atividade em sua agenda lotada, você pode tentar monetizar de alguma forma as tarefas que realiza em casa. Algumas ideias que lhe proponho são:

- Almoços gostosos e caseiros. Voltando à tendência do "feito em casa", você pode vender almoços caseiros para aquelas pessoas que não têm tempo de prepará-los ou que querem desfrutar do sabor caseiro. Talvez um nicho interessante para explorar seja o de comida vegana, vegetariana ou, simplesmente, comida saudável. Cada vez mais pessoas se preocupam com a qualidade do que comem.

- Fazer as compras para outras pessoas. Certamente ir ao armazém ou ao supermercado é algo que você faz habitualmente. Portanto, é possível que você também possa fazer isso para outra ou outras pessoas em troca de uma remuneração justa.

- Comprar produtos no atacado e revendê-los. Similarmente ao ponto anterior, você pode comprar tanto alimentos não perecíveis quanto produtos de limpeza no atacado e depois revendê-los embalados ou envasados no varejo.

- Assar bolos ou decorar festas. Provavelmente, com a prática, você seja muito boa em assar bolos ou decorar festas infantis, duas atividades que pode oferecer como serviço.

E se, após avaliá-lo conscientemente, você determinar que não justifica adicionar uma atividade à sua já lotada agenda, de qualquer forma há algumas coisas que pode fazer para aumentar sua renda, como oferecer aulas em sua casa de algo que sabe fazer: cozinhar, costurar, pintar, tocar guitarra, manusear Excel etc.

O dinheiro não compra a felicidade

Descobrir o que a entusiasma, alegra ou, melhor ainda, a faz feliz é fundamental para identificar qual atividade pode realizar para ganhar um dinheiro extra. Pode parecer estranho ter que encontrar uma motivação diferente de ganhar dinheiro, mas é que o dinheiro não é uma recompensa suficientemente significativa para as pessoas. Não me interprete mal, não é fobia de dinheiro, mas o dinheiro é um meio, nunca o fim. Na ilha japonesa de Okinawa se pratica um estilo de vida que pode ser de grande ajuda quando estamos procurando saber a que deveríamos nos dedicar. Este é conhecido como *ikigai* e pode ser traduzido como "razão de ser". Segundo explica Mark Winn, divulgador dessa filosofia no Ocidente, "aquilo pelo que vale a pena viver" — outra forma de traduzir *ikigai* — está relacionado com determinar:

- O que você ama. Ou seja, aquilo que a apaixona. Uma forma simples de identificar qual é a sua paixão é pensar em uma atividade que, quando a faz, perde a noção do tempo. Segundo Francesc Miralles, outro divulgador dos ensinamentos do *ikigai*, você também poderia se perguntar: qual é o meu elemento? Aquilo que você se sente confortável fazendo.

- No que você é boa. Tem a ver com sua vocação. Dito de outra forma, é aquilo para o qual você é talentosa. Geralmente, você tem talento para fazer o que ama e vice-versa, mas também é possível que não seja tão talentosa quanto gostaria para se dedicar a certa atividade. Isso apenas significa que você deve se esforçar mais e tomar seu tempo para desenvolver as habilidades necessárias. Neste ponto, você poderia se perguntar: o que sou capaz de fazer facilmente e com qualidade?

- Do que o mundo precisa. Você deve ter cuidado para não levar essa pergunta muito a sério. Trata-se de identificar uma atividade com a qual contribua para melhorar, de alguma forma, sua comunidade (família, amigos, bairro) e, se possível, seu país e o mundo. O importante é não estabelecer uma meta tão ambiciosa que a impeça de agir. A ideia é, ao contrário, pensar que fazer o bem aos outros a ajudará a se sentir bem e encontrar o sentido da sua vida.

- Aquilo pelo que a pagariam. Supõe-se que todos os aspectos mencionados anteriormente devem se sobrepor (a paixão, o talento e a contribuição à comunidade), junto deste outro, por isso a tarefa não é fácil. Mas não se preocupe, o objetivo é buscar o equilíbrio, que às vezes se alcança e outras não tanto.

Como exercício, recomendo que faça o seguinte para conhecer seu ikigai:

- Pense em três atividades que a emocionem.

- Pense em três atividades que faça bem.

- Pense em três atividades que contribuiriam para melhorar sua comunidade.

- Pense em três atividades pelas quais a pagariam.

Leve alguns dias para pensar e rever o que escreveu, não é uma corrida de velocidade. A atividade que aparecer associada a mais áreas (paixão, talento, contribuição à comunidade, obtenção de dinheiro) certamente será seu *ikigai*. É possível que no início não haja nenhuma atividade que se repita, por isso você deverá continuar pensando e fazendo as correções necessárias aos seus apontamentos.

No meu caso, desde muito cedo na minha vida, demonstrei ter habilidades para a gestão do dinheiro e interesse no tema das finanças pessoais; cada vez que participo de uma reunião, acabo falando sobre o tema e falo para as pessoas sobre a importância de manter finanças organizadas e planejar. Mas tive que chegar quase aos 50 anos para escrever um livro sobre o tema e começar a aconselhar outras pessoas. Minhas amigas me dizem: "Claro, mas isso sempre foi o seu forte!" Como não percebi isso antes?

Tenho rendimentos: e agora o que faço com eles?

Primeiro, parabéns! Segundo, evite gastá-los. Se passou muito tempo sem ter renda própria, é possível que tenda a gastar esse dinheiro recém-ganho sem perceber. Então, aconselho que abra uma conta bancária exclusiva para esses rendimentos. Atualmente, a maioria dos bancos oferece diferentes produtos e benefícios para o público em geral e para as microempresas. Não quero promover o serviço de nenhum banco em particular — teria que patrocinar este livro —, mas posso enumerar alguns dos serviços que oferecem alguns bancos no mercado uruguaio:

- Conta bancária sem exigência de saldos mínimos e com um custo fixo mensal (nada é grátis nesta vida).

- Cartão de débito.

- Cartão de crédito.

- Movimentações ilimitadas e sem custo em caixas eletrônicos.

- Débito automático de serviços sem custo.

- Facilidade para realizar pagamentos a fornecedores e pagar salários.

Se for uma conta-poupança que ofereça algum benefício extra, melhor. Por exemplo, há bancos que oferecem pontos que você pode trocar por produtos ou serviços.

Em resumo:

- O que você faz vale, e vale muito, a ponto de representar um percentual alto do PIB do país.

- Ter uma atividade extra às tarefas domésticas e de cuidado tem suas vantagens e desvantagens.

- Há diversas atividades extras que você pode realizar de casa para ter uma renda própria.

- Não é fácil identificar o que você quer, pode e convém a você fazer para ganhar dinheiro, mas é necessário fazê-lo para aumentar suas probabilidades de sucesso.

Se você trabalha para um terceiro e sonha em empreender

Muitos e muitas sonham em ser seus próprios chefes, mas empreender não é tão fácil nem tão prazeroso quanto parece. Por isso, minha primeira recomendação, se você trabalha para um terceiro, é que avalie quais são as vantagens de ter esse trabalho e tente tirar o máximo proveito dele enquanto planeja e inicia seu empreendimento. Agora, não se sentir satisfeita com seu trabalho é um assunto importante ao qual deve prestar atenção para que possa seguir em frente.

Como manter seu trabalho e não morrer na tentativa

Para enfrentar o esgotamento que o trabalho pode causar, há uma técnica chamada *job crafting* — sim, os americanos inventaram tudo. Também conhecida como renovação laboral, essa técnica visa que você seja proativa e faça algumas mudanças no seu trabalho para que ele responda melhor às suas necessidades e aos seus objetivos pessoais. Como tudo, o processo de renovação laboral se organiza em etapas:

1. Renovação de tarefas (*task crafting*): consiste em modificar a natureza, o escopo, a frequência e a quantidade de tarefas que você realiza. O objetivo neste ponto é adaptar as tarefas às suas aptidões para reduzir o esforço que representam para você e aumentar sua produtividade.

2. Renovação de vínculos (*relational crafting*): tem a ver com melhorar o relacionamento com colegas de trabalho, fornecedores e clientes. A ideia dessa etapa é reconhecer o impacto positivo e negativo que você tem nos outros e que eles têm em você. Tenha em mente que muitas pessoas não deixam seu trabalho porque não estão satisfeitas com seu salário, mas porque o ambiente de trabalho é insuportável.

3. Renovação da percepção (*cognitive crafting*): propõe que você mude a maneira como vê seu trabalho e as tarefas que ele implica. O objetivo dessa etapa é que você deixe de ver suas obrigações laborais como chatas, tediosas e sem sentido.

Espero ter convencido você de que não é uma boa ideia deixar seu trabalho antes de lançar seu empreendimento e que ele comece a dar lucros. Mas, se ainda tiver dúvidas, deixe-me dizer que seu salário é o que possibilita que você adquira bens e serviços. Ele lhe dá a oportunidade de ser autônoma, independente, então é importante valorizá-lo. Em outras palavras: agradeça por ter seu salário, pois assim você paga suas contas. Aconteceu várias vezes de, no momento de receber o 13º ou o salário de férias, algo quebrar em casa: o aquecedor, a máquina de lavar ou o carro. Nesses momentos, quando eu reclamava, minha avó sempre dizia: "Que sorte você tem de ter o dinheiro para pagar por isso!" É verdade, é uma sorte ter dinheiro para pagar todas as suas contas. Lembre-se de que os serviços são contratados e desfrutados por você e sua família, não por outras pessoas. Também reconheço que você possa estar insatisfeita com a remuneração que recebe pelo trabalho que faz e que mereça um aumento de salário. No entanto, antes de reclamar, recomendo que seja proativa para melhorar sua situação laboral.

Cada dia em um trabalho, mesmo que não gostemos, conta. Cada dia é uma peça de lego que vai levantando uma construção.

(Ana Sanz Vergel)

Peça um aumento, você pode

Quando estiver pensando em pedir um aumento, antes de se apresentar no escritório da sua supervisora ou chefe, analise as condições em que está. O que quero dizer? Refiro-me a perguntar-se se as condições atuais são as melhores para que ocorra a mudança que você deseja. Por exemplo, responda às seguintes perguntas:

- Você está preparada?
- Tem as habilidades necessárias para ter novas responsabilidades?

- Se as coisas não saírem como você espera, tem economias suficientes para viver, se ficar sem trabalho?

Sugiro fazer essas perguntas porque é fundamental que você se sinta confiante e tranquila ao solicitar um aumento de salário. Tenho certeza de que você tem as respostas para essas e outras perguntas, porque ninguém além de você sabe dos cursos e treinamentos que fez, como desenvolveu novas habilidades ao longo do tempo e, finalmente, tem a firmeza necessária para assumir novos desafios.

Quando estiver decidida a solicitar esse aumento, sugiro que desenhe um plano (simples) para consegui-lo. Sempre tenha uma atitude positiva, dê o melhor de você e um pouco mais. Tente pensar como chefe. De qualquer forma, dou alguns outros conselhos para que possa pedir esse aumento:

- Informe-se sobre quanto ganham seus pares.

- Ensaie em voz alta sua solicitação. Aliás, grave e avalie sua atuação para melhorá-la.

- Solicite a entrevista com o responsável e diga o motivo. É bom que ele esteja preparado.

- Seja clara na entrevista, não dê rodeios. Após sua apresentação, ouça o outro.

- Se a resposta for não, pergunte por que, o que você precisa para obtê-lo e quais são suas possibilidades no futuro.

- Dependendo da resposta, tente novamente depois ou decida procurar outro emprego.

Por via das dúvidas, se não tiver economias que lhe permitam cobrir suas despesas — sem precisar usar os benefícios que receberá — até encontrar um novo trabalho, pense novamente na conveniência de deixar seu emprego atual.

Quanto realmente me pagam pelo meu trabalho?

Por razões óbvias, quando você pensa em quanto a pagam pelo trabalho que realiza, só considera como salário o valor que recebe mensalmente. Mas há uma parte do seu salário que está deixando de fora e que pode ser:

- Licença, salário de férias, 13º, indenização por demissão etc.
- Benefícios como uniformes, transporte, moradia e alimentação (quando a empresa possui refeitório).
- Prêmios ou bonificações por assiduidade, produtividade etc.
- Horas extras, descansos trabalhados e feriados.
- Prêmios, comissões, vales-alimentação, alguns auxílios etc.
- Seguro de saúde.

Para que fique claro como está composto seu salário, se, por exemplo, você recebe 4.000 reais mensais de salário base mais 300 reais por assiduidade, 200 por horas extras e 800 por produtividade, seu salário é de 5.300 reais mensais. Pode ser que alguns pagamentos extras você não receba todos os meses, por isso o ideal é somá-los e dividi-los por 12 meses para saber quanto contribuem para aumentar seu salário-base.

Uma atitude empreendedora: primeiros passos para empreender

Empreender não é fácil, mas também não é impossível. De todos os passos que você deve dar para empreender, provavelmente o mais importante, e o mais barato, é adotar uma certa atitude, como contou Blanche Kambou, uma migrante de Burkina Faso que vive no Uruguai. Quando Blanche se encontrou em Montevidéu com duas filhas a seu cuidado, sem parceiro e trabalhando o dia todo, percebeu a necessidade que outras mulheres como ela tinham e que ali havia uma oportunidade não só de ter um negócio próprio, mas de ajudar outras pessoas. Assim, surgiu a ideia de criar o empreendimento Manos Mágicas, que oferece serviços terceirizados de limpeza para residências e empresas, e de acompanhamento. Algo que eu gostaria de destacar desse empreendimento é que ele foi pensado com fins lucrativos, mas também para ajudar outras pessoas. Manos Mágicas facilita o acesso ao trabalho formal para pessoas migrantes e aproxima um serviço de qualidade a famílias de classe trabalhadora, que podem contratá-lo com a frequência que precisarem. Outro elemento que me interessa destacar desse caso é que Blanche identificou rapidamente que não havia outras empresas que oferecessem esses serviços com essas características.

Se você deseja iniciar um empreendimento, aconselho que solicite o aconselhamento de empresas dedicadas a ajudar empreendedores, pois contam com equipes multidisciplinares, integradas por contadores, advogados especialistas em direito comercial e tributário, entre outros. Dessa forma, você pode obter informações globais e um guia adaptado ao seu empreendimento. De qualquer forma, mencionarei algumas formalidades básicas com as quais deve cumprir ao iniciar um empreendimento:

- *Ser maior de 18 anos.*

- *Ter documento de identidade válido, seja carteira de identidade ou, se for estrangeiro, passaporte.*

- *Ter um comprovante ou documento que comprove o endereço fiscal do empreendimento.*

- *Inscrever-se no Registro Nacional do Comércio, na Direção Geral de Impostos (DGI) e no Ministério do Trabalho e Segurança Social (no caso de ter empregados).*

- *Contratar um seguro de acidentes de trabalho e doenças profissionais no Banco de Seguros do Estado.* (Verônica, advogada)

Aguce sua visão

Mariana é médica, especialista em nutrição, e trabalha em uma clínica. Há algum tempo, ela vem considerando a possibilidade de ter sua própria clínica. Mas, depois de olhar a situação com atenção ou, digamos, com visão de empreendedora, percebeu que:

- Não teria tempo suficiente para se dedicar ao empreendimento. E, se não puder dedicar tempo, provavelmente ele não irá adiante.

- Não tem instalações adequadas para oferecer o serviço com a qualidade necessária. Ao não poder oferecer a qualidade que ela e seus pacientes esperam, quais seriam as chances de sucesso?

- Não tem tempo nem conhecimento suficiente para gerenciar a comunicação digital, então teria que contratar os serviços de um profissional ou empresa. Atualmente, sem uma boa comunicação digital, é pouco provável que um empreendimento se torne conhecido.

- Não poderia começar atendendo ao público que mais a interessa, mas precisaria trabalhar com diferentes públicos até que o negócio se consolide. Isso implicaria associar-se ou contratar o serviço de outros profissionais e, claro, diminuir a possibilidade de obter lucros.

No entanto, apesar de todos os contras que identificou, Mariana decidiu começar, pouco a pouco, a atender pacientes de forma particular. Apostou que o meio de divulgação seria o boca a boca e, felizmente, conseguiu oferecer um serviço de qualidade e seu negócio começou a crescer. Ela sabe que tem muito potencial, mas, por enquanto, não terá sua clínica. O mais importante é que não vai desistir, porque, como diz o ditado, andará sem pressa, mas sem pausa.

Identifique o que você quer fazer e por que

Seu empreendimento terá mais chances de funcionar se for algo que você tenha paixão ou interesse em fazer. Se, depois de um tempo, você se entediar, não haverá maneira de fazer seu negócio prosperar. Por isso, é necessário que você saiba realmente o que quer fazer. Para ajudar, sugiro que responda a estas perguntas:

- Que tipo de problemas quero resolver?

- Que tipo de solução posso oferecer?

- Como posso criar um trabalho para mim ou para outras pessoas?

- Quando quero começar?

A história de Madam C. J. Walker

Talvez a chave para empreender não seja tanto a vontade de fazê-lo, mas ter uma atitude empreendedora. Essa atitude era a que tinha Sarah Breedlove, mais conhecida como Madam C. J. Walker, uma mulher afro-americana que, no início do século XX, começou vendendo na rua um creme para fazer o cabelo crescer e terminou fundando uma empresa de produtos de beleza. Madam C. J. Walker iniciou-se no mundo dos cosméticos como vendedora dos produtos de Annie Turnbo Malone, mas logo percebeu que, graças ao que havia aprendido, podia iniciar seu próprio negócio. Claro, não ficou na cidade onde sua antiga empregadora estava bem-posicionada, mas mudou-se para outra cidade onde não teria concorrência e havia um número considerável de mulheres que precisavam de seus produtos. É verdade que, no início do século XX, havia muito por inventar, mas hoje ainda existem possibilidades de iniciar um negócio próprio. O caso de Madam C. J. Walker mostra que a atitude empreendedora está relacionada com uma visão e uma forma de encarar os desafios de iniciar um negócio por conta própria. Ela se interessou pela venda de cosméticos por dois motivos: porque seu cabelo estava caindo — na sua época muitos produtos de higiene eram feitos com soda cáustica — e porque era uma mulher negra que vivia nos Estados Unidos no início do século XX, ou seja, enfrentava grande discriminação por sua cor de pele e não tinha acesso à educação nem a bons empregos.

Uma ideia genial não é suficiente

Muitas das histórias de grandes empreendedoras criam a falsa percepção de que uma ideia genial, ou um golpe de sorte, é o que permitiu que elas tivessem sucesso. Mas, mais do que genialidade, criatividade ou sorte, um fator importante ao empreender é a capacidade de identificar qual necessidade um grupo de pessoas tem e buscar a melhor maneira possível de satisfazê-la. Por exemplo, um dia o parceiro de Florência ficou doente e teve que deixar de trabalhar. Então, a renda familiar foi drasticamente reduzida. Os dois salários não eram mais suficientes, mas Florência, em vez de se desesperar, começou a pensar no que poderia fazer para compensar essa redução de renda. Pensou, pensou, pensou e percebeu que conhecia cada vez mais pessoas que queriam consumir alimentos saudáveis. Assim, teve a ideia de comprar sementes e frutas secas no atacado, fracioná-las e vendê-las no varejo. A outra necessidade que identificou foi que essas pessoas queriam que fossem um pouco mais baratos. Mas a coisa não parou por aí. Florência continuou pensando no que mais poderia fazer para compensar a renda perdida pela doença do parceiro e lembrou que faltavam algumas semanas para o Dia das Crianças. Ela sabia que, sempre que essa data se aproximava, as famílias compravam brinquedos para as crianças. Assim, aproveitou que no centro havia uma loja de brinquedos que estava em liquidação por fechamento e comprou 8.000 pesos em brinquedos. Faltando algumas semanas para o Dia das Crianças, colocou os brinquedos à venda e, como é fácil de imaginar, teve muito sucesso.

Por outro lado, há o caso de Julieta, que foi a um brechó que estava em liquidação e aproveitou para comprar uma calça de veludo, uma saia e um moletom, tudo por 900 pesos. Como a loja ia fechar, ofereceram-lhe como presente um conjunto de louça antiga que estava em perfeito estado. Fernanda não precisava nem se interessava, mas conhecia alguém que vendia louças "vintage", ou seja, antigas, mas com estilo, nas redes sociais. Então, aceitou o presente e entrou em contato com a pessoa que vendia as louças "vintage". Vendeu-a por 1.000 pesos, descontou o que gastou e ganhou 100 pesos.

Faça seus contatos saberem dos seus planos

Como diz o ditado, duas cabeças pensam melhor que uma, mas muitas cabeças são capazes de resolver as situações mais complicadas. Por isso, ao contrário do que muitas pessoas pensam, é conveniente contar a todas as pessoas que conhece que você quer empreender. Essas pessoas se tornarão seus conselheiros e consultores. Podem até se tornar seus sócios. Nunca se sabe onde pode estar uma oportunidade de negócio.

Você precisa de capital

O primeiro passo de qualquer empreendimento, depois de saber o que quer fazer, é reunir um capital. De todos os conselhos que poderia dar a esse respeito, o que me parece mais simples de colocar em prática é que você revise tudo o que tem em casa e não usa mais, como eletrodomésticos, dispositivos eletrônicos, móveis, roupas e livros, e venda para assim reunir dinheiro. Tirar tudo o que não usa também ajudará a fazer espaço em sua casa e em sua mente. No caso de Mariana (a médica especialista em nutrição), alguns dos obstáculos que ela identificou poderiam ser superados se ela tivesse um capital.

Também é possível solicitar um empréstimo a um banco.

O mercado financeiro oferece dois tipos de empréstimos: pessoais e empresariais.

- Um empréstimo pessoal é concedido a uma pessoa física, ou seja, a alguém como você, sob certas condições: pagamento mensal da dívida a uma taxa de juros fixa ou variável. A vantagem desse tipo de empréstimo é que você não precisa ter um histórico empresarial para obtê-lo, embora precise cumprir outros requisitos. As desvantagens são que o valor emprestado geralmente não é muito alto, você tem pouco tempo para pagar, os juros que deve pagar são muito mais altos do que os pagos por um empréstimo empresarial e, caso não consiga pagar, o banco exigirá que use seu patrimônio para saldar a dívida.

- Um empréstimo empresarial é concedido a uma pessoa jurídica, ou seja, à sua empresa. As vantagens desse tipo de empréstimo são que se paga um juro baixo, o modo de pagamento é flexível, concedem valores mais altos e mais tempo para pagar. A desvantagem é que você precisa ter um histórico empresarial para obtê-lo.

Uma coisa é a casa e outra é o trabalho; não se devem misturar. Não se devem levar os problemas do trabalho para casa e vice-versa, especialmente se forem assuntos ouvidos em um salão de beleza. Muitas clientes vão ao salão de beleza para fazer catarse, então tenho que ouvi-las e dar-lhes ânimo. Algo que aprendi é a ouvir sem opinar. Só dou minha opinião quando me pedem. Mas o mais difícil é ter que administrar sozinha as finanças da minha casa e do salão de beleza. Para manter a ordem, listo as despesas fixas tanto da casa quanto do negócio e, à medida que as pago, risco da lista. É uma maneira de manter o controle, porque, de outra forma, não conseguiria chegar ao fim do mês. (Andrea, cabeleireira)

Prepare-se

A vontade de empreender é fundamental. No entanto, a realidade exige cumprir inúmeras formalidades. Então, se você não se preparar para cumpri-las, provavelmente seu empreendimento acabará fazendo parte do grupo dos que fracassaram pouco tempo depois de iniciar suas atividades. Portanto, ao empreender, você deve levar em conta os requisitos legais para abrir uma empresa.

Embora tudo dependa do tipo de empresa, de acordo com o tipo de serviço ou produto que oferece ou seu tamanho, há três tipos básicos e simples de registro de empresas no Uruguai: monotributo, pequena empresa, que pode pertencer a uma pessoa (unipessoal) ou a mais de uma, e os serviços pessoais (profissionais ou não profissionais).

Embora todas as informações que você precisa saber para abrir uma empresa estejam disponíveis nas páginas da Direção Geral de Impostos (DGI) e do Banco de Previdência Social (BPS), é recomendável que você consulte um profissional.

Por sinal, recomendo que você contrate um seguro contra incêndio e roubo para protegê-la em qualquer uma dessas eventualidades. Você pode fazer isso através do Banco de Seguros do Estado (BSE) ou de qualquer seguradora privada.

As formalidades dependem do tipo de empresa que você deseja criar. Pode-se escolher entre monotributo, Sociedade de Responsabilidade Limitada (SRL), unipessoal, Sociedade Anônima etc., embora a decisão realmente dependa do volume de receita esperado e da quantidade de funcionários que se espera contratar. Da mesma forma, você deve registrar a empresa no Banco de Previdência Social (BPS), para que faça as contribuições previdenciárias e de benefício de cota mutual, e na Direção Geral de Impostos (DGI), para que possa obter um Registro Único Tributário (RUT) para faturar e pagar impostos. (Claudia, contadora)

Crie um plano de negócios

Outro elemento que ajuda a aumentar as chances de que seu empreendimento tenha um bom desempenho é ter um plano de negócios. Embora este livro não seja sobre como administrar uma empresa ou ter sucesso com seu empreendimento, gostaria de compartilhar alguns dos elementos que seu plano deve ter:

1. Defina seu negócio. Descreva brevemente seu negócio: como é no presente (missão) e como você quer que seja no futuro (visão). Destaque o que o diferencia de seus possíveis concorrentes (vantagem competitiva). Indique quais são seus objetivos comerciais e como planeja alcançá-los. E, muito importante, formule qual é sua proposta de valor: a solução ou benefício que seus clientes obterão ao comprar ou contratar o que você oferece.

2. Analise o mercado. Estude o mercado para reconhecer necessidades que não estão sendo atendidas. Descreva o tipo de pessoas que comprarão os produtos que você vende ou o serviço que oferece. Identifique os possíveis concorrentes do seu negócio e avalie suas forças e fraquezas.

3. Pense no marketing. Descreva a melhor maneira de promover seu negócio e torná-lo conhecido pelo público. Faça uma lista das ações de promoção que você pode realizar, como publicar conteúdo nas redes sociais, e defina uma data para sua realização.

4. Desenhe um plano de operações. Determine com quais pessoas você precisará trabalhar e quantos recursos serão imprescindíveis para colocar seu negócio em funcionamento.

5. Descreva sua oferta. Especifique as características de seus produtos ou serviços. Avalie a possibilidade de diversificá-los para atender às necessidades de diferentes públicos.

6. Organize seu negócio. Descreva como ele estará organizado, se você trabalhará com outras pessoas e quais

serão suas responsabilidades. Estabeleça quais são os requisitos legais: licenças, certificações, contratos etc., com os quais você deve cumprir para que seu negócio esteja em funcionamento.

7. Projete suas finanças. Prepare um orçamento que inclua os custos fixos, os custos variáveis e as despesas. Defina o preço de seus produtos ou serviços com base nos custos, na concorrência e em suas expectativas de lucro.

8. Identifique a fonte de financiamento do seu negócio. Você usará suas economias? Uma opção arriscada, mas disponível (se você tiver dinheiro suficiente). Pedirá um empréstimo a um banco? Menos arriscada, embora menos acessível. Buscará um sócio capitalista ou organizará uma campanha de *crowdfunding*? Talvez uma dessas opções funcione.

Mantenha seus gastos baixos

No início, não será fácil gerar receita, por isso é essencial que você incorra apenas nas despesas necessárias e as mantenha no nível mais baixo possível. Por exemplo, não alugue um local ou um escritório até que sua receita justifique isso. Também não invista em equipamentos caros até ter certeza de que eles trarão benefícios.

Nem todas as oportunidades são para todas as pessoas

Não sei se você já ouviu falar da síndrome do carrinho de churrasco. Refere-se a quando uma pessoa acredita que um negócio é fácil e rentável porque vê que, aparentemente, há muitas pessoas com um negócio semelhante. Isso é o que alguns podem pensar sobre a venda de torta frita ou os spas de unhas, mas nenhum desses negócios é fácil de organizar e gerenciar. Por um lado, pensar assim é uma forma de pensamento mágico, ou seja, chegar a conclusões sem ter provas que as sustentem. Por outro lado, nem todas as oportunidades de negócio são para todos, pois, voltando ao ponto "Identifique o que você quer fazer e por que", antes de concluir que uma atividade é uma grande oportunidade, você deveria se perguntar se realmente está disposta a investir seu tempo e energia nisso. Por exemplo, você se imagina tendo um restaurante, bar ou rotisseria e passando horas em pé e ao lado do fogo? Se você se interessa por culinária, convido a ler o livro *Confissões de um chef*, de Anthony Bourdain, para ter uma ideia de quão exigente pode ser a indústria gastronômica.

Aprenda com seus erros

Finalmente, não desista se a primeira ideia que você colocar em prática não funcionar. Fracassar é necessário para aprender a ter sucesso, pois com cada oportunidade você aprenderá algo que a ajudará a estar mais perto do sucesso. Se não deu certo na primeira vez, pelo menos você terá aprendido a planejar melhor, a gerenciar melhor seus recursos e, se for o caso, escolher melhores sócios. É conveniente que você leia sobre empreendedores e casos de sucesso, pois assim poderá comprovar que a maioria fracassou muitas vezes antes de que seu empreendimento decolasse.

Se você já tem um empreendimento

Existem tantas formas de empreender quanto mulheres desejosas de criar um negócio. Além do tipo de empreendimento que você tenha, gostaria de dar alguns conselhos do ponto de vista estratégico, e não tático; não têm a ver com aspectos pontuais, mas com a administração de um negócio.

Suponhamos que você tenha um pequeno empreendimento como o de Florência, vendendo sementes e frutas secas. Isso não significa que você não deva ser profissional: séria, responsável e honesta, e que possa se permitir, por ter um empreendimento pequeno, baixar a qualidade dos produtos ou serviços que oferece.

Durante 20 anos houve na cidade de Rivera um negócio de cachorros-quentes muito bem-sucedido. As pessoas adoravam aqueles cachorros-quentes a ponto de fazerem fila do lado de fora do local, que era muito pequeno, até chegar sua vez de comprar. Acontece que, um belo dia, mudaram-se para um local maior, mas, em vez de aumentar seu sucesso, fecharam após um ano. O que aconteceu? Cometeram o erro de baixar a qualidade dos cachorros-quentes, que era o que atraía tantas pessoas. Outra maneira de se comportar profissionalmente é evitar guiar-se pelas emoções na hora de tomar uma decisão. A expressão "Se você se exaltar, perde" é a melhor maneira de resumir isso.

Administre sua renda

A primeira habilidade que você deve desenvolver quando é uma empreendedora é a de administrar sua renda. No início, e talvez por algum tempo, ela não será contínua nem estável, então você deve se preparar para os momentos em que será escassa ou inexistente. Você deve ser como a formiga, que, durante o verão, trabalha para economizar comida para quando chegar o inverno e não houver nada para comer. E, precisamente como a formiga, a chave da administração está na poupança.

Existem diversas bibliotecas sobre como construir a poupança, mas todas concordam que você deve pegar sua renda e dividi-la em porcentagens que correspondam às suas obrigações e aos seus objetivos. Como dedico um capítulo inteiro a este tema — se você está impaciente, pode ir para a seção "Como construir a poupança" —, por agora, apenas direi que você deveria dividir sua renda em 70% para pagar suas despesas e 30% para poupar.

Quando se é uma trabalhadora independente, é preciso saber onde gastar. É fundamental gastar menos do que você ganha, porque assim, se adoecer, terá economias para se sustentar. Também quando chegam as férias ou você fica doente, sua renda diminui. E, para manter um empreendimento, é preciso estar fisicamente e mentalmente bem. É preciso estar 100% para cada cliente, não pode estar cansada porque saiu para festejar. No final, quando você tem uma empresa própria, não tem um chefe, tem centenas. (Roxana, massagista)

Estabeleça suas prioridades

Estou certa de que você vai gostar disto... preparada? Na hora de estabelecer prioridades em relação à sua renda, você é a pessoa mais importante. Gostou, certo? Não se trata de se tornar uma pessoa egocêntrica, mas de se atribuir um salário. Este, é claro, dependerá da renda que você obtiver. Mas a meta é que você consiga economizar a quantidade necessária para cobrir suas despesas por vários meses — entre 3 e 6 —, caso fique sem renda. É uma espécie de fundo de emergência.

O valor (subestimado) dos vínculos

Termos como "*networking*" e "sinergia" falam da importância de cultivar nossos vínculos pessoais e também profissionais. Lembro-me de ter participado de um evento de mulheres profissionais e ter passado todo o tempo falando sobre a família e os filhos, e desperdiçar a oportunidade de estabelecer alianças com possíveis sócias e colaboradoras.

Ter ou não ter uma sócia, eis a questão

Depois de um tempo gerenciando seu empreendimento sozinha, pode ser que você se pergunte sobre a conveniência de ter uma sócia ou sócias. Essa não é uma decisão fácil de tomar. Para se orientar, você pode se perguntar o que essa sócia ou sócias trariam: dinheiro, contatos, ideias, horas de trabalho etc. Independentemente do que essa pessoa traga, é importante que você tenha claro que essa será a contribuição dela, e não outra. Também é útil se perguntar se seu empreendimento está indo bem, por que você quer se associar com alguém.

A divisão dos lucros

Se você tem uma sócia e, além disso, consegue obter lucros em seu empreendimento, surgem as perguntas: como distribuí-los? Equitativamente, de acordo com o que cada uma contribui ou fixamos um salário? O importante é que cheguem a um acordo e que este seja respeitado. Por exemplo, se com o tempo uma contribui mais do que a outra, então o acordo deve ser revisado para refletir a realidade atual.

Se você tem um negócio que não dá dinheiro, não é um negócio, é um hobby.

(Robert T. Kiyosaki)

Uma empresa é uma empresa, um trabalhador é um trabalhador

É importante que você identifique qual parte da renda do seu empreendimento corresponde à operação da empresa, o que é necessário investir para que o negócio funcione, e qual parte da renda corresponde ao salário do empregador. Por outro lado, se em seu empreendimento trabalham vários membros da sua família, o salário de cada um deve corresponder ao nível de suas responsabilidades e do mercado. Não é justo que alguém ganhe mais ou menos apenas por ser da família.

Conheço o caso de herdeiros de um negócio familiar em que cada um recebe um salário que não corresponde às suas responsabilidades na empresa. A irmã mais velha, responsável pelas finanças, recebe um salário que equivale a menos da metade do salário do irmão, que é responsável pelo marketing. Em vez de atribuir um salário com base nos papéis familiares ou nas necessidades percebidas por cada um, o mais adequado é orientar-se pelos valores de mercado e determinar quanto cada um ganharia se trabalhasse em uma empresa que não fosse da família. Isso não só é financeiramente adequado, mas também justo. Como diz Paula Molinari em *O salto do dono*: o caminho para a profissionalização, para que as empresas familiares possam se profissionalizar, é necessário que o dono, no nosso caso, a dona, se transforme primeiro. Isso significa que comece a pensar no seu negócio como uma empresa, e não como um projeto familiar.

Como precificar o que você vende ou o mistério de quanto deveria custar um delicioso fondue de queijo em pão de campo

Fernanda sempre gostou de cozinhar e o faz muito bem, preparando pratos deliciosos. Em um momento em que sua situação econômica era menos que regular, ela começou a levar comida para as reuniões de amigos. Não só compartilhava algo gostoso, mas também economizava dinheiro, que não lhe sobrava. Entre as preparações habituais, estava o fondue em pão de campo. O sucesso foi tanto que os amigos começaram a pedir que ela preparasse para vender.

Graças ao boca a boca, primeiro, e às redes sociais, depois, teve um enorme sucesso. Em pouco tempo, não conseguia atender a todos os pedidos que recebia. Embora começassem a aparecer concorrentes, não havia comparação. Para Fernanda, o mais importante era manter a qualidade e assim continuou; seus clientes continuavam encomendando o fondue em pão de campo. Até aqui, tudo bem. Mas sempre há um "mas". Fernanda só podia dedicar dois dias por semana ao seu empreendimento — seu trabalho principal era outro —, então decidiu contratar uma funcionária para ajudá-la com a parte mais trabalhosa, rechear o pão. Graças à funcionária, uma mulher com muita experiência, o empreendimento começou a produzir mais fondue em pão de campo em menos tempo. No entanto, embora o empreendimento tivesse muito futuro, Fernanda não conseguia vê-lo como um projeto em longo prazo. Apesar de a preparação e a venda do fondue terem se tornado um negócio muito rentável, Fernanda não conseguia se organizar. Quais eram suas dificuldades? Especificamente duas.

1. Ela não mantinha uma contabilidade do seu negócio que lhe permitisse saber quais eram seus custos, suas despesas e, obviamente, seus lucros.

2. Quando calculava os custos para depois estimar seu preço de venda, nunca incluía o valor da hora de trabalho.

Em resumo, ela usava os melhores ingredientes e se esforçava para que seu produto fosse de altíssima qualidade, mas seu produto não gerava nem o lucro nem a satisfação que ela esperava porque o vendia por um preço abaixo do necessário para obter a receita correspondente.

O que ela deveria fazer para resolver seu problema?

A resposta é que Fernanda — e qualquer outra pessoa — deve conhecer e colocar em prática alguns princípios básicos de administração. Definirei estes a seguir, para depois retomar a solução do problema da nossa amiga.

Algumas noções de administração de empresas são importantes

A administração de empresas tem um pouco de Economia, Ciências Sociais e Contabilidade, por isso é muito útil para saber como gerir um negócio. E, embora eu não queira te aborrecer, compartilho algumas noções de administração que podem te ajudar com seu empreendimento.

Os custos de produção: variáveis e fixos

Tenho certeza de que você sabe que produzir qualquer bem ou serviço implica custos. Agora, o importante é saber que eles se classificam de acordo com o fato de aumentarem ou diminuírem em função da quantidade do que é produzido ou do número de clientes que contratam o serviço em um determinado período. Assim, há custos variáveis e custos fixos.

- Custos variáveis: são aqueles que sobem ou descem em função do nível de produção. Por exemplo, no caso de Fernanda, os custos variáveis associados ao fondue em pão de campo têm a ver com os ingredientes de que ela precisa para preparar certa quantidade de fondue (queijo) e o pão (farinha, fermento, gordura animal, água, sal e açúcar), assim como a energia envolvida na sua preparação: gás ou eletricidade. Ela também tem que incluir o material usado para embalar o fondue — recipiente (de papel ou plástico) e saco — e a entrega, se fizer parte da oferta. Inclusive, deveria calcular o valor da hora de trabalho, pois é provável que ela e sua empregada precisem trabalhar mais horas para atender ao aumento da demanda. Em resumo, quanto mais fondue ela preparar, maiores serão os custos variáveis.

- Custos fixos: são aqueles que você deve cobrir independentemente da quantidade do que vende ou da demanda que tem. De fato, se não produzir ou não vender nada, são custos que, ainda assim, você deverá cobrir, pois estão relacionados ao funcionamento do seu negócio ou empreendimento. Por exemplo, os custos fixos que Fernanda deve enfrentar são a eletricidade e a água que usa em sua casa (se alugasse um local, deveria incluir o aluguel e os serviços), o salário de sua empregada e o seu próprio (sim, ela deve se atribuir um salário), e os impostos e contribuições ao BPS. Fernanda também deveria listar como custos fixos os serviços de uma contadora, pois é recomendável usar os serviços de uma profissional para manter a contabilidade do negócio em dia.

O preço de mercado

Existem muitas fórmulas e maneiras de calcular qual deveria ser o preço de um produto ou serviço. Mas, como este não é um livro de administração de empresas ou negócios, compartilho a maneira mais simples de definir o preço do que você faz. Isso consiste em somar todos os custos e adicionar a esse valor um percentual que satisfaça suas expectativas. Para que você esteja segura de que seu público considerará aceitável o preço de seus produtos ou serviços, deve tomar como referência o preço de produtos ou serviços similares. O fato de o preço do que você oferece estar acima do "preço de mercado" é uma razão para que seu público não adquira o que você oferece.

Margem de lucro

A margem de lucro é uma das razões pelas quais qualquer pessoa decide ter um empreendimento. Trata-se da quantidade de dinheiro, expressa como um percentual, com a qual você ficará após subtrair do PVP do produto ou serviço que vende os custos de produção (variáveis e fixos). Mas como se calcula a margem de lucro? A maneira mais simples é calcular quanto custa produzir cada um dos produtos ou serviços que você vende e somar a quantidade de dinheiro que deseja ganhar. Claro que há outras formas de calculá-la, mas são para outro livro.

O que você deve saber sobre finanças

Como escreveu Ciara, cantora, atriz, dançarina e modelo, "A educação é tudo: a educação é seu poder, a educação é seu caminho na vida para o que quer que você queira fazer". Aprender continuamente é a melhor estratégia para garantir seu crescimento. Estimular sua mente com novas ideias ajudará a prever certos problemas e a encontrar soluções mais facilmente. Por outro lado, manter sua curiosidade ativa será útil para aprender muitas coisas, todas úteis para gerenciar sua vida e seu empreendimento. Por isso, minha recomendação é que você desenvolva o maior número possível de habilidades e aprofunde-se naquelas que já possui. Entre alguns cursos que você pode fazer estão:

- Curso de vendas.

- Curso de administração e controle de custos.

- Curso de marketing digital.

- Curso de atuação.

- Curso de retórica.

Resumo deste capítulo

Ao longo deste capítulo, abordei vários temas que considero relevantes se você deseja ter renda própria, aumentar a que já tem ou empreender um negócio para complementar sua renda ou começar a se dedicar àquilo que ama. Como resumo, falei sobre:

- A importância de evitar a fobia de dinheiro ou por que é fundamental que você aprenda a falar claramente sobre dinheiro com seu parceiro e sua família. Contas claras conservam amizades, diz um ditado.

- Como se dedicar às tarefas de cuidado não pode ser interpretado como "não trabalhar". Ao contrário, as atividades e tarefas realizadas em casa, como a gestão dos assuntos domésticos, o cuidado dos filhos e outros familiares, não só são uma forma legítima de trabalho, mas também extremamente valiosa em termos econômicos. Em alguns países, o trabalho não remunerado realizado por mulheres tem o mesmo valor, ou até mais, do que setores como o turismo.

- Embora empreender possa ser muito atraente, trabalhar para um terceiro tem suas vantagens. Valorizá-las também tem a ver com ser capaz de reconhecer o que há de bom em certas situações e cultivar a capacidade de gratidão.

- Uma vez que você decida empreender, há várias questões a que deve prestar atenção, como identificar o que quer fazer e por que, organizar-se e aprender com seus erros.

- A criatividade e a paixão são primordiais para empreender, mas também é importante estar disposta a aprender e se preparar continuamente. Quanto mais aberta a novos conhecimentos você estiver, maiores serão suas chances de superar os obstáculos que surgirem.

2

INEVITÁVEIS, MAS JUSTOS: OS GASTOS

Pensar em gastos pode causar um pouco de angústia e estresse, mas, assim como os rendimentos, eles fazem parte da nossa economia. Então, em vez de se alarmar, o ideal é conhecê-los muito bem e aprender a gerenciá-los da melhor forma possível. É óbvio que, assim como acontece com o dinheiro, a maioria das pessoas prefere evitar falar de seus gastos, mas essa atitude, longe de resolver o suposto problema, pode simplesmente agravá-lo.

E, embora incorrer em gastos não seja ruim, o que é importante é que eles não representem uma porcentagem perigosamente alta de seus rendimentos. Isso não é importante apenas para que você possa cumprir com as responsabilidades que assumiu, mas porque gerenciar bem seus gastos — e, por extensão, sua economia — ajudará a organizar sua vida e alcançar um maior nível de liberdade. Em outras palavras, se você gastar mais do que deveria, uma das consequências previsíveis é que você não poderá fazer tudo aquilo que precisa e quer. Daí que você perde liberdade quando gasta mais do que deve.

Por outro lado, gastar mais do que o necessário pode ser um sinal de que algo não está bem na sua vida. Por exemplo, almoçar todos os dias na lanchonete da esquina do escritório em vez de levar a marmita de casa implica, certamente, que a qualidade do que você come não é ótima. Então, você não só gasta mais dinheiro — o que você gasta comprando um almoço pode equivaler ao custo dos ingredientes que você usa para preparar cinco almoços em casa — como também come de forma menos saudável. Se você não cuida do seu dinheiro e do que come, as chances de sua saúde piorar e você acabar gastando dinheiro em consultas e tratamentos aumentam. Assim, gerenciar de forma eficiente seus gastos não é uma questão de economia, é uma questão de saúde e bem-estar.

Para terminar esta introdução ao tema dos gastos e sua importância, não quero deixar de mencionar que cuidar de seus gastos não implica viver de forma desleixada ou sem comodidades. Gastar muito não significa viver bem, pois — como muitos propuseram ao longo dos séculos — viver com o suficiente (não apertado) está relacionado a valorizar o que se tem e focar aquilo que realmente dá sentido à nossa vida.

Se cuidamos da nossa casa, cuidamos de nós mesmos

Há algum tempo, surgiu uma tendência de manifestar um forte repúdio às tarefas domésticas e a tudo o que está relacionado ao cuidado do lar. Digo que essa atitude existe há muito tempo porque é verdade que hoje em dia há pais que nem sabem dar banho em seus filhos. Mas, quando me mudei para Montevidéu para estudar na universidade, eu não sabia nem lavar um prato. Na verdade, eu nem sabia o que era poeira, ou seja, não sabia que a poeira se deposita todos os dias sobre todos os objetos da casa e que, portanto, era necessário passar um pano diariamente sobre os objetos se eu quisesse que eles permanecessem limpos. Imagine minha surpresa ao descobrir que as coisas se sujam continuamente. Claro, na casa dos meus pais eu não costumava limpar, então essa ação era invisível para mim.

Talvez isso soe como um argumento feminista — que em parte é —, mas não é só que as mulheres não tenham uma disposição natural para as tarefas de limpeza e cuidado, é que ninguém tem tal disposição, e, se uma pessoa não é ensinada a realizar uma tarefa e o valor dela, não a fará de forma espontânea. Daí que no século XIX começaram a ser publicados manuais dirigidos às mulheres para ajudá-las a gerenciar a casa. Esses manuais eram dirigidos às mulheres por uma razão óbvia: eram elas que cuidavam do lar, e, graças à Revolução Industrial, começaram a ser usados nas casas uma série de aparelhos que facilitavam as tarefas diárias, mas, claro, era preciso aprender a usá-los. Deve-se acrescentar que, com as mudanças ocorridas na sociedade e a exigência de que as mulheres também trabalhassem fora do lar para ajudar na renda familiar, a expectativa era de que os eletrodomésticos as ajudassem a otimizar o tempo que deviam dedicar às tarefas domésticas.

Embora com o passar dos anos e com o empoderamento das leitoras esses livros tenham perdido sua popularidade anterior, ainda hoje é possível encontrar manuais que não são mais dirigidos exclusivamente às mulheres, mas a qualquer pessoa interessada em ter um lar ordenado, eficiente e confortável. Talvez o mais valioso desses livros seja que eles afirmam que gerenciar uma casa, especialmente os gastos associados, é uma tarefa complexa e que o bem-estar de todos na família depende de que o lar funcione corretamente para satisfazer as necessidades básicas de cada um. Claro, chegou a pandemia e, de repente, as pessoas descobriram que sua casa não era o lugar confortável que pensavam. Algumas até passaram a desejar ir ao escritório para trabalhar porque era mais confortável do que sua casa. De fato, o setor da construção em nível global se saiu muito bem porque as pessoas começaram a demandar casas mais iluminadas e espaçosas, já que, ao passar mais tempo em suas casas, perceberam que estas não eram verdadeiramente confortáveis.

Economia doméstica

Ellen Swallow Richards criou o campo de estudo da economia doméstica no início do século XIX. Ao se tornar a primeira mulher a ser admitida como estudante no Instituto de Tecnologia de Massachusetts (MIT) e depois como professora de Química, Richards promoveu que as mulheres recebessem educação científica. Para alcançar seu objetivo, a economia doméstica começou ensinando às mulheres como gerenciar melhor o tempo que dedicavam às tarefas domésticas para que assim tivessem mais tempo livre para sua educação. A hipótese era de que, se as mulheres conseguissem otimizar a realização das tarefas domésticas, teriam o tempo necessário para estudar na universidade.

Junto de Catherine Beecher, Richards fundou a Associação Americana de Economia Doméstica, que posteriormente se chamou Associação Americana de Ciências da Família e do Consumidor (AAFCS). Richards e Beecher organizaram a economia do lar em sete áreas: culinária, desenvolvimento infantil, educação e conscientização comunitária, gestão e design do lar, costura e têxteis, orçamento e economia e saúde e higiene. Apesar do tempo passado, os ensinamentos da economia do lar estão mais atuais do que nunca, pois muitas pessoas, especialmente as mais jovens, não têm noções de como planejar um orçamento mensal ou manter uma nutrição saudável.

Tipos de gastos: fixos e variáveis

No capítulo anterior, falei sobre custos fixos e variáveis como elementos que devem ser definidos para o bom funcionamento de um negócio ou empreendimento. Mas acontece que, na gestão da economia doméstica e das finanças pessoais — e também dos negócios —, há outros dois que são semelhantes, mas não iguais, e é importante conhecê-los: gastos fixos e variáveis. Qual é a diferença entre custo e gasto?

Sem entrar em mais detalhes, um custo é um valor de dinheiro que se utiliza para produzir um bem ou serviço e que, se tudo funcionar, gerará uma receita de forma direta, enquanto um gasto é um valor de dinheiro que se utiliza, mas que não gerará uma receita de forma direta ou não gerará receita alguma. No caso do lar, os gastos incluem os serviços (luz, internet etc.), alimentação, estudo, lazer, entre outros que dependerão de cada pessoa ou família.

Como já disse, os gastos se classificam em fixos e variáveis. Os gastos fixos são aqueles que você deve incorrer de forma periódica. Esses gastos devem ser divididos entre essenciais e não essenciais. Os gastos fixos são aluguel ou hipoteca, luz, água, seguro médico, telefone, celular, internet. Os gastos fixos não essenciais são transporte, manutenção do carro, seguro do carro, TV a cabo, serviço de *streaming* e cartão de crédito, entre outros.

Cuidado com os gastos variáveis ou extras

Os chamados gastos variáveis ou extras devem ser observados com atenção, pois são aqueles em que incorrermos sem perceber. Estes incluem lazer e vestuário. Lembro-me de que, quando estava na casa dos 20 anos e já tinha o título de Analista em Economia, um título intermediário, falava vários idiomas e tinha feito alguns cursos de computação, mas o país estava em plena crise econômica, então o único trabalho que consegui foi como operadora de telemarketing — e graças ao meu tio Hugo. Além da situação do país, o trabalho não pagava muito, então, para conseguir chegar ao fim do mês, tive que começar a anotar até o menor gasto. Para isso, usava um caderninho que levava para todos os lugares. Meus amigos achavam engraçado, mas foi aí que percebi o peso que os gastos extras tinham na minha economia, desde o chiclete até o café com um sanduíche, e como podiam influenciar se eu chegava ao fim do mês com dificuldades ou com folga.

Os chamados gastos silenciosos

Sendo a responsável pelas tarefas de cuidado — supondo que você seja —, conhece melhor do que ninguém quais são os gastos de sua casa. Mas isso não impede que você possa ignorar aqueles gastos chamados silenciosos, pois parecem inofensivos, porque são compostos por valores relativamente pequenos, mas que, ao somá-los, prejudicam o orçamento familiar. Dependendo da sua natureza, esses gastos são denominados formiga, fantasma ou vampiro.

Os gastos-formiga são aqueles que, de maneira isolada, têm um baixo impacto em suas finanças, mas, por serem repetitivos, acabam gerando um grande efeito por acumulação. São gastos não planejados em que se incorrer diariamente.

Os típicos gastos-formiga são:

- Transporte: o táxi ou o Uber que você pega.
- Alimentação: almoços ou jantares fora.
- Lazer: idas ao cinema ou espetáculos.
- Compras compulsivas, especialmente aquelas pagas em parcelas.

Os gastos-fantasma são aqueles que passam despercebidos, pois, com frequência, estão relacionados a assinaturas de serviços. Os exemplos mais comuns são:

- Assinatura da academia — que você não frequenta.
- Serviço de TV a cabo ou streaming.

- Seguro para proteger suas contas bancárias.

E qualquer outro gasto relacionado à contratação de um serviço por um valor baixo que não é considerado na elaboração do orçamento.

Os gastos-vampiro são aqueles que, aos poucos, drenam seu bolso e tendem a ser mais difíceis de detectar do que os gastos-formiga e os gastos-fantasma. Por que não são facilmente notados? Porque têm a ver com os hábitos de consumo ou com a forma como você usa os serviços públicos em sua casa. Por exemplo:

- Deixar o aquecedor ligado por horas, especialmente no verão.

- Manter eletrodomésticos, dispositivos eletrônicos ou carregadores conectados quando não estão em uso, desperdiçar água, entre outros.

Como controlar os gastos silenciosos

Felizmente, há uma série de passos que você pode seguir para controlar os gastos-formiga, fantasma e vampiro.

- Identifique em que você gasta. Para isso, o melhor é elaborar uma lista de todos os gastos diários que você tem como parte da gestão do seu lar. Cada gasto deve ser descrito e acompanhado do seu valor. Isso permitirá que você saiba realmente quanto gasta e em que, no final do mês. O ideal é que você atribua um valor fixo para cada um dos gastos e não gaste mais do que o estabelecido.

- Registre quando gastar impulsivamente. Parece inútil anotar um gasto impulsivo, mas registrar esse tipo de gasto ajudará você a tomar consciência e assim evitar repetir essa conduta.

- Planeje as compras. Isso significa definir do que sua família precisa e comprar a quantidade necessária para o mês. Claro, você pode incluir uma quantidade extra de alguns produtos para casos de emergência — ninguém quer ficar sem pasta de dente ou papel higiênico quando precisa.

- Pense duas vezes antes de comprar algo. Quando sentir o impulso de comprar algo que não está no seu orçamento, pergunte-se se é realmente necessário ou conveniente comprá-lo. Além disso, você pode estabelecer alguns limites para os gastos extras, como não ultrapassar 10% de sua renda mensal.

- Consuma de forma inteligente:

  - Utilize transporte público.

  - Compre em dinheiro, você perceberá como o dinheiro vai embora.

  - Aproveite o *happy hour* e as promoções para economizar quando sair com seus amigos. Você também pode se reunir com eles ao ar livre ou em casa, e cada um levar algo.

  - Compre um cofrinho e guarde todas as moedas. Você se surpreenderá no final do mês.

  - Cancele os serviços que não utiliza. Por exemplo, se você assiste a séries e filmes em alguma plataforma de *streaming*, cancele o serviço de TV a cabo. Também veja se é necessário ter várias assinaturas de *streaming*.

  - Otimize a compra de alimentos e sua preparação. Os gastos são essenciais, mas isso não significa que você não possa melhorar sua gestão. Para isso, você pode realizar uma série de ações:

- Projete um cardápio semanal e faça uma lista de ingredientes.

- Procure ir ao supermercado apenas uma vez por semana ou por mês, e não vá com fome, acompanhada de seus filhos pequenos e não se esqueça da lista de compras em casa.

- Escolha produtos da estação.

- Coma de forma mais saudável, reduza o consumo de carne.

- Cozinhe sempre um pouco mais, assim você poderá congelar o que sobrar e terá outra refeição pronta.

- Compre produtos de marca própria, pois têm a mesma qualidade das marcas conhecidas e são mais baratos.

- Tenha cuidado com as ofertas. Certifique-se de que realmente vale a pena comprar esses produtos, pergunte-se que tipo de comida você prepararia, preste atenção à data de validade e leia o rótulo para ter uma ideia da qualidade.

- Procure mercados ou feiras onde vendem mais barato.

• Revise seus hábitos de consumo dos serviços:

- Tenha as contas organizadas e visíveis para que você as pague na data certa e assim não tenha que pagar juros por atraso.

- Não deixe as luzes acesas e verifique se não há vazamentos de água.

- Use produtos elétricos de baixo consumo (lâmpadas LED, A+).

- Calibre a temperatura do aquecedor e do *boiler*.

- Aproveite os planos inteligentes.

Como gastar menos em comida sem passar fome

Um dos gastos silenciosos mais frequentes é comer fora de casa. E, se em outros tempos comer fora significava, geralmente, sair para comer em um restaurante, atualmente também implica pedir comida por meio de um aplicativo. Assim, pode ser que com frequência você compre o almoço ou o jantar qualquer dia da semana usando seu celular ou que vá à rotisseria ou pizzaria mais próxima para resolver uma refeição. Não se trata de que comer fora não deva fazer parte do lazer ao qual você também tem direito, mas comprar comida fora de casa é muito mais caro do que preparar comida para você ou seus entes queridos. Sei que comer em um restaurante bonito, em boa companhia e desfrutar de uma refeição de qualidade é uma ótima experiência que pode aliviar o estresse cotidiano e até nos reconciliar com a vida, mas, quando você come fora, não paga apenas pela comida, mas por todo o serviço e o espaço físico onde a experiência ocorre. Isso significa que, por mais barato que seja o menu oferecido por um restaurante, ele sempre será mais caro do que qualquer refeição que você prepare e saboreie em casa.

Vamos fazer uma conta simples. Um almoço médio em um restaurante pode custar cerca de 15 dólares. Mas com 15 dólares você poderia comprar os mesmos ingredientes com os quais foi elaborado aquele prato e prepará-lo em casa, mas para várias pessoas ou várias vezes. Em outras palavras, o que você gasta em um almoço fora renderia para preparar muitos almoços. Assim, parece que o melhor é determinar quantas vezes e em quais ocasiões realmente vale a pena ir a um restaurante (não importa quão simples e barato seja). Para poder acompanhar, o mais recomendável é que você elabore um orçamento (mais adiante te ensinarei como) ou um *kakebo* (também comentarei depois).

Para conciliar minha vida familiar com minha vida profissional, opto por uma organização baseada em prioridades e metas alcançáveis para minha família. Faço calendários com os horários de todos e os reviso semanalmente, estabelecendo metas de curto prazo. Da mesma forma, organizo as refeições da semana e as compras dos alimentos necessários para prepará-las. Isso me permite gerir o tempo e compartilhar momentos em família, como sentar-se à mesa, participar de atividades escolares ou esportivas. Mas essa organização também me permite ter tempo para mim. Portanto, em termos econômicos e de saúde, a comida feita em casa é melhor do que a comprada. Não se trata de uma moda, mas de estar consciente do que escolhemos comer. Para comer de forma saudável, recomendo comprar frutas e verduras da estação e cozinhar aproveitando os ingredientes. Outro conselho é aprender a cozinhar certas receitas e envolver a família no processo de elaboração do que comemos. Claro, é importante evitar o excesso de açúcar, sal, bebidas açucaradas e alimentos processados e ultraprocessados. No final, é melhor descascar mais e desembalar menos. (Mariana, médica especialista em nutrição)

Mudança, um gasto inevitável

Quando você se muda, incorre em certos gastos inevitáveis. Mas há uma diferença entre gastar o necessário e gastar além da conta. Dado que a maioria das pessoas deve se mudar, pelo menos, uma vez na vida, vale a pena seguir certos critérios para manter os gastos controlados.

- **Compare ofertas.** Parece óbvio, mas há pessoas que tendem a esquecer que o preço dos aluguéis pode variar muito e depende de diferentes fatores. Portanto, o razoável é não ficar com a primeira opção que parecer atraente. É certo que procurar uma nova casa pode ser muito exigente, mas vale a pena dedicar o tempo necessário. Então, compare várias opções para conseguir a que melhor se adapte ao seu orçamento. Por certo, leve em conta as despesas comuns e a possibilidade de que variem conforme a estação.

- **Não se mude no verão.** Pode parecer uma ideia prática, mas o problema é que muitas pessoas têm a mesma ideia ao mesmo tempo, por exemplo, os estudantes do interior chegam a Montevidéu em busca de moradia. Isso faz com que o preço de tudo (moradia e serviços de mudança) tenda a subir. É melhor esperar por estações como o inverno ou o outono para pagar menos.

- **Desfaça-se do que não precisa.** Se há algo que consome recursos, tempo, esforço e dinheiro, em uma mudança é o empacotamento, transporte e posterior desempacotamento de seus pertences. Mas o que acontece se você aproveitar a mudança para liberar espaço no seu guarda-roupa? Tudo o que você não usa mais pode doar ou vender. Dessa forma, não apenas não terá que carregá-lo consigo, mas também poderá ganhar algum dinheiro.

- **Peça uma pequena ajuda aos amigos.** Raramente uma mudança pode ser resolvida em poucas viagens e seu custo aumenta conforme o número de transportes necessários entre uma casa e outra. Portanto, uma maneira de reduzir os gastos é pedir a ajuda dos amigos para mudar o que não for volumoso ou difícil de manipular. Quanto menos coisas você precisar mudar, menos gastará.

O que é melhor? Comprar ou alugar?

Sei que esta é uma pergunta que você fará apenas se tiver os recursos ou as condições para poder escolher entre uma opção ou outra. "Apenas 9% das famílias de Montevidéu podem alcançar o sonho da casa própria, de acordo com seus rendimentos", disse a economista Bárbara Mainzer ao jornal *El País* em dezembro de 2020. Assim, assumindo que você tem economias e um nível de renda para que um banco lhe conceda um empréstimo hipotecário, é possível que ainda duvide sobre a conveniência ou não de adquirir uma casa.

Uma vantagem evidente de comprar uma casa ou um apartamento é que, ao contrário de outros bens, é um investimento cujo valor aumenta com o tempo. Tradicionalmente, no Uruguai, as pessoas têm tentado "investir em tijolos" para proteger suas economias e evitar que a inflação e a desvalorização do peso as reduzam. Outra vantagem é que, com cada parcela da hipoteca que você paga, estará mais perto de ser proprietária absoluta de sua moradia. Mas comprar tem algumas desvantagens. Uma delas é que, às vezes, pode haver uma grande distância entre sua renda e o valor do imóvel. Outra é que a parcela mensal da hipoteca pode ser tão alta quanto o que você pagaria por um aluguel.

Os aluguéis são mais altos do que a parcela da hipoteca. Mas é preciso ver o bairro ou a região onde você quer morar e analisar se pode pagar um aluguel ou uma parcela hipotecária mais alta.

Compre pouco e bem

Vou insistir: não se trata de não gastar, mas de fazer isso de forma adequada. Essa máxima aplicada à compra de roupas poderia ser traduzida em "comprar pouco e bem". E isso, na prática, significa que:

- **Não compre muitas peças baratas.** Por exemplo, não caia na tentação de comprar "cinco peças pelo valor de três". Parece uma pechincha, mas provavelmente será uma péssima ideia. As roupas de baixo custo tendem a ser de má qualidade, por isso duram muito menos do que as peças que têm um preço mais alto. Por esse preço, talvez você comprasse algo melhor e de qualidade. Além disso, quando terá tempo de usar todas essas roupas?

- **Não se deixe seduzir pelas tendências.** Este é o conselho de moda essencial: compre peças básicas. São aquelas peças que, por seu corte e cor, podem ser combinadas com outras e também servem para muitas ocasiões. Entre os básicos estão:

    - Blusa branca.

    - Casaco preto.

    - Jeans.

    - Vestido/calça preto básico.

    - Blazer preto ou azul-escuro.

- **Invista melhor, gaste menos.** Comprar sapatos e acessórios (poucos) como bolsas, lenços, cintos etc., tende a ser mais conveniente se você quer se vestir bem e gastar menos. Tanto os sapatos quanto as bolsas de qualidade duram muito mais do que outras peças, então, se quer parecer elegante sem desequilibrar seu orçamento, invista em sapatos e bolsas.

- **Use as roupas que tem no guarda-roupa.** Sim, pode sentir que está cansada delas. Mas sempre pode experimentar novas combinações. E, se realmente não quiser mais usar essa peça, a melhor alternativa é levá-la a um brechó ou doá-la.

- **Dê uma segunda vida.** Também é verdade que nem tudo se resolve jogando fora ou vendendo o que não gosta. Lembre-se de que também pode modificar ou reciclar a peça de que não gosta. Costure um remendo, encurte seu comprimento ou leve a uma costureira e peça orientação sobre o que fazer para atualizar essa roupa de que já não gosta tanto.

Upcycling ou reutilização criativa

Graças ao engenheiro alemão Reiner Pilz, desde os anos 90 se fala de *upcycling*, uma maneira diferente de entender a reciclagem. Para Pilz, a reciclagem tradicional é uma forma tosca ou inferior de reciclagem, uma que não serve porque toma um objeto que tem certo valor e o destrói para criar outro de valor inferior. Por isso, ele propôs que se falasse de *upcycling* ou reutilização criativa. Ao contrário da reciclagem tradicional, na reutilização criativa se toma um objeto que perdeu seu valor original e o transforma em outro de maior valor.

Nos últimos anos, a indústria da moda tem utilizado essa estratégia para criar vestuário a partir de resíduos têxteis, reduzindo a quantidade de recursos desperdiçados e criando peças únicas. Mas não apenas a indústria pode aproveitar a criatividade ao dar uma nova vida a um material ou objeto. Você também pode investigar sobre as possibilidades oferecidas pela reciclagem criativa para revalorizar algumas das peças do seu guarda-roupa. Lembre-se de que, quanto mais aproveitar o que já tem, menos chances terá de gastar seu dinheiro. Por último, mas não menos importante, está na moda ser original.

Diga-me a quem admira e eu lhe direi quanto gasta

Não há dúvida de que o dinheiro está relacionado ao status social. Quanto mais dinheiro você tiver — ou parecer ter —, maior prestígio social terá. Por isso, muitos estão obcecados em mostrar que têm muito, mas muito dinheiro. Isso não seria um problema se você realmente fosse uma pessoa rica. Mas o que acontece se não tem tanto dinheiro quanto gosta de mostrar? Provavelmente se comporte como uma pessoa esbanjadora ou que gasta seu dinheiro de maneira compulsiva.

Gastar dinheiro em coisas que não precisa, procurar agradar amigos e conhecidos com convites ou presentes e lidar com a ansiedade gastando é sinal, certamente, de que você esbanja seu dinheiro. Mas não se preocupe — não tanto —, porque não se trata de um comportamento com o qual não possa aprender a lidar.

Por um lado, é bom saber que foi identificado desde o início do século XX. Outra notícia positiva é que não está catalogado como um transtorno ou doença. E talvez o mais importante seja que pode estar relacionado com quem são seus referenciais. Por exemplo, se você comparar seu estilo de vida com o de pessoas ricas e famosas, é provável que acabe gastando mais dinheiro do que deveria. Assim, um conselho é perguntar-se quem são as pessoas que você tem como modelo para sua vida. Vamos supor que você é fã de Kim Kardashian, a estrela do reality show *As Kardashians*, *influencer* e empresária. Não serei eu quem lhe dirá a quais programas assistir ou a quem seguir nas redes sociais, mas o que posso dizer é que, segundo a revista *Forbes*, Kim Kardashian tinha uma fortuna de 1 bilhão de dólares em 2021. Então, tentar emular seu estilo de vida é algo que não lhe convém, especialmente se considerar que um dos produtos que Kardashian vende é a própria imagem.

Mas se, em vez de ter como modelo uma *it girl*, você tem um atleta como Cristiano Ronaldo, também não estará em uma situação melhor. Certamente o futebolista é um exemplo de um estilo de vida disciplinado — afinal, é um atleta de alto rendimento —, mas a questão é que seus rendimentos e, portanto, seu nível de gasto não são comparáveis aos seus. Segundo a *Forbes*, em 2022 Cristiano Ronaldo ocupou o terceiro lugar na lista de esportistas mais bem pagos, com um salário de 115 milhões de dólares, e sua fortuna é estimada também em 1 bilhão de dólares. Então, antes de continuar gastando como se fosse uma pessoa rica e famosa, pergunte-se qual é o seu nível de rendimento e quanto dinheiro extra pode se permitir gastar.

Por outro lado, tanto Kim Kardashian quanto Cristiano Ronaldo acumularam suas fortunas investindo em diferentes tipos de negócios, além de suas atividades principais: ser protagonista de um reality show ou jogador de futebol de elite. Além dos 10 milhões de dólares que supostamente recebe anualmente por seu show, Kim Kardashian tem diversos acordos de patrocínio graças aos seus quase 300 milhões de seguidores nas redes sociais e é dona das empresas bem-sucedidas KKW Beauty (produtos de maquiagem) e Skims (roupa íntima e cintas modeladoras). Por sua vez, Cristiano Ronaldo também tem acordos de patrocínio, além de ser investidor em hotéis, academias, marcas de vestuário e acessórios. No final, se quer ganhar dinheiro, o melhor conselho que posso lhe dar é planejar muito bem em que deseja investir seus recursos e, claro, trabalhar muito.

O minimalismo pode ser a resposta

Ter mais não garante a felicidade, embora a publicidade e o marketing digam o contrário. De fato, para Fumio Sasaki, autor do livro *Goodbye, things: como encontrar a felicidade com a arte do essencial*, ter mais objetos do que realmente precisamos é uma fonte de frustração e infelicidade. Esse autor promove o que alguns chamam de minimalismo radical, que consiste em ter apenas algumas posses: ele tem um *futon* (um colchão enrolável) no quarto, três pares de calças, algumas camisetas brancas, um terno, uma jaqueta de inverno e uma para a chuva no armário, pouquíssimos utensílios na cozinha e uma caixa de madeira e uma escrivaninha na sala de estar/jantar (devo esclarecer que ele mora sozinho em um apartamento de 30 metros quadrados).

Embora a ideia não seja manter a ordem e a limpeza — como aconselha a também japonesa Marie Kondo —, mas sim dar outro valor aos objetos para que, dessa forma, possamos redefinir nossa relação com o material, alguns afirmam que esse minimalismo radical provém do budismo zen, a escola chinesa de budismo, que convida seus praticantes a transformar sua consciência, afastar-se do mundo das ilusões representado pela ânsia de possuir objetos e viver o presente. Para Sasaki, nós nos enganamos quando pensamos que podemos superar a incerteza associada ao futuro acumulando coisas. Isto apenas nos leva a uma acumulação incessante que, nos termos que nos interessam neste livro, nos impulsiona a gastar mais e a nos sentirmos angustiados por ganhar mais dinheiro para, obviamente, continuar gastando.

Entre os expoentes mais famosos do minimalismo, pelo menos no vestir, está Steve Jobs, fundador e líder da Apple. Durante anos, Jobs nos acostumou a vê-lo vestido com um suéter preto de gola alta, umas calças Levi's 501 e uns tênis New Balance 992. Para ele, esse traje era confortável e adequado para qualquer ocasião, desde o evento de lançamento dos novos produtos de sua companhia até o jantar com um presidente. Não sei se Jobs estava certo, mas era uma crença que praticava de forma consistente.

No final, fico com estas palavras de Sasaki que compartilho com você: "Todos querem ser felizes. Mas tentar comprar a felicidade só nos faz felizes por um tempo. Estamos perdidos quando se trata da verdadeira felicidade".

Ideias que nos fazem gastar

Se há fatores externos que podem levar você a gastar mais, como tentar copiar o estilo de vida dos ricos e famosos, também há fatores internos que o impulsionam a gastar mais dinheiro do que o necessário. São ideias ou frases que dizemos a nós mesmos —sim, isso também acontece comigo — e que nos dão uma espécie de permissão ou licença para gastar. Entre as muitas que podem existir, há três que soam familiares:

- "Porque eu mereço".
- "Estou aproveitando uma oportunidade".
- "Não posso ficar com isso pendente".

Assim como anotar todas as suas despesas permite que você tenha consciência de quanto dinheiro gasta em quais coisas, refletir sobre o sentido dessas frases ajudará a "desativá-las". Comecemos pela primeira. Merecer refere-se a que, em certa situação, alguém deve algo a uma pessoa. Quando você diz que merece comprar aqueles sapatos de que tanto gosta, está afirmando que alguém lhe deve esses sapatos, como se fosse uma recompensa por algum trabalho realizado. Mas quem lhe deve isso? Por quê? Por outro lado, se você os paga com seu dinheiro, de que tipo de recompensa está falando? E, por último, essa é a recompensa ou compensação adequada pelo que você fez? Essa pergunta visa evidenciar que talvez comprar seja uma forma rápida de gratificação de suas necessidades, mas não a ideal. Em vez de gastar em sapatos, pode ser que você precise se reunir com alguns amigos e desfrutar da companhia deles.

Quanto à ideia de estar aproveitando uma oportunidade. Você deve se perguntar o que acontece se a deixar passar, se não a aproveitar. Ah, e deve ter em mente que sua amígdala não está sendo sequestrada. Foi o psicólogo Daniel Goleman quem cunhou a expressão "sequestro da amígdala" para se referir a uma resposta emocional desproporcional e imediata a um estímulo. Dito de outra forma, quando sua amígdala — uma estrutura do cérebro que processa informações emocionais — é estimulada por certas mensagens, você reage da forma menos racional possível. Para que fique mais claro, é o que acontece com promoções como a *Black Friday*, que fazem você sentir que perderá uma experiência fabulosa se não comprar imediatamente qualquer um desses produtos que estão, aparentemente, a um preço imbatível e que, especialmente, nunca voltará.

E a última frase refere-se ao gasto como se fosse um dever ou uma tarefa. Talvez tenha a ver com manter o controle de sua vida. Afinal, gastar é uma ação que depende de você, ao contrário de muitas outras que podem depender de terceiros. Visto assim, gastar pode até ser uma maneira de sentir que você está impulsionando as coisas em sua vida.

Um carro é um investimento?

Quando penso na minha experiência trabalhando em uma concessionária, devo dizer que um carro pode ser ou não um investimento, depende da pessoa. Há quem adquira um carro porque facilita a realização de alguma atividade, como entregar produtos ou prestar algum serviço. De fato, há quem comece comprando um carro pequeno, porque é o que está ao seu alcance, e depois adquira um maior quando tem os meios. Então, nesse caso, para essas pessoas, comprar um carro é um investimento ou um custo. Também há quem chegue à concessionária para comprar um carro caro e, depois de conversar com um dos vendedores, acabe entendendo que precisa de um veículo mais modesto e barato.

Agora, é importante que você saiba que, do ponto de vista financeiro, um carro pode ser considerado um passivo. Isso ocorre porque ele se deprecia, perde valor a partir do momento que você o tira da concessionária: um carro zero quilômetro se deprecia cerca de 20% a partir do momento em que você começa a usá-lo. Mas aí não termina sua depreciação, pois a cada ano de antiguidade ele se depreciará mais 20%. Evidentemente, o percentual de depreciação do carro dependerá do modelo, de sua antiguidade, do nível de manutenção que tem e do momento do mercado. Se você se pergunta por que o preço de um carro novo cai dessa maneira, a resposta simples é que uma parte corresponde aos impostos, direitos e permissões que você pagou, e que representam um valor que você não recuperará quando o vender. Além disso, você deve se fazer algumas perguntas ao considerar comprar um carro:

- Com que frequência vou usá-lo?
- Com que finalidade vou usá-lo?
- É uma marca confiável?
- Quanto custa sua manutenção?
- Quanto devo pagar por seguro, impostos, garagem e combustível?

Com isso, não quero dizer que você não deve comprar um carro, mas que preste atenção a vários fatores para tomar a melhor decisão possível. Por exemplo, algumas marcas sofrem um nível de depreciação menor do que outras porque têm alta qualidade e as pessoas as valorizam. Outra coisa a considerar se você decidiu comprar um carro é que, em algum momento, será conveniente vendê-lo para comprar outro. Alguns indícios de que é o momento ideal são quando:

- O carro funciona e não apresenta nenhum problema que exija reparos caros.

- Você encontra um modelo de carro que, dado o preço ou suas características, atenderia melhor às suas necessidades.

- Os reparos se tornaram recorrentes.

Pague o que deve, as dívidas

Ter ou acumular dívidas é, depois dos gastos silenciosos, o item mais importante que você deve controlar se quiser ter finanças saudáveis e garantir o seu bem-estar e o de sua família. Geralmente, as dívidas têm duas origens: os cartões de crédito e os empréstimos. Em princípio, são ferramentas muito úteis para fazer frente a despesas inesperadas ou possibilitar que você aproveite alguma oportunidade de investimento. Mas, para que você realmente se beneficie dessas ferramentas, é necessário que saiba como evitar que desequilibrem seu orçamento.

Quero começar dizendo o óbvio, uma dívida é um compromisso que você assumiu com um terceiro, e honrá-lo (pagar o que deve) é o melhor que pode fazer se quiser se comportar decentemente e, de passagem, manter um histórico de crédito limpo. Isso não é um assunto menor, porque é possível que, em determinado momento, você considere deixar de pagar uma dívida porque acredita que não precisará pedir dinheiro emprestado novamente, mas você não sabe o que o futuro lhe reserva. Então, o mais conveniente é deixar todas as portas abertas e não manchar seu histórico de crédito.

Tipos de dívidas

Existem dois tipos de dívidas, dependendo se você gasta o dinheiro (dívidas de consumo) ou se investe (dívidas de investimento). Quando o usa para adquirir bens que perdem seu valor ao longo do tempo e não geram renda, trata-se de uma dívida de consumo. As despesas que se qualificam como dívida de consumo, entre outras, são:

- Comprar roupas.
- Comprar eletrodomésticos.
- Sair de férias.
- Adquirir um carro.

Agora, quando você usa o dinheiro para adquirir um bem que não se deprecia ou até se valoriza e, além disso, gera renda, trata-se de uma dívida de investimento. As dívidas de investimento estão relacionadas a:

- Empréstimos hipotecários.
- Empréstimos para organizar um negócio.
- Créditos educativos.

Para que você entenda claramente a diferença entre dívida de investimento e dívida de consumo, proponho o seguinte exercício:

se você adquirir um laptop que usa apenas para lazer — assistir a filmes, ouvir música, jogar videogames ou consultar as redes sociais —, que tipo de dívida é? E se usá-lo para trabalhar em casa, pois você é uma trabalhadora independente que presta serviços a diferentes clientes por meio do ambiente digital, que tipo de dívida é?

Algumas razões pelas quais você pode perder o controle de suas dívidas

Quando escrevi este livro, fiz isso com a firme convicção de ajudá-la a organizar sua economia e ter um maior controle de sua vida. Mas, é certo, não é fácil manter o controle dos diferentes aspectos de nossa vida. Por isso, quando se trata de dívidas, assim como de despesas, você deve seguir as seguintes recomendações se não quiser que elas saiam do seu controle.

1. Você deve elaborar um orçamento no qual inclua suas receitas e despesas. A ideia é que você as analise e siga seu orçamento.

2. Caso sua renda diminua, então, você não terá outra escolha senão reduzir suas despesas. Daí a importância de estar ciente de quais são e, obviamente, evitar qualquer despesa imprevista (lembre-se de seguir seu orçamento).

3. Embora seja algo que você deva fazer antecipadamente, é sempre uma boa ideia ter um fundo de emergência que permita cobrir seus custos quando sua renda diminuir.

Além de tomar estas medidas, existem sinais que podem servir para saber se suas dívidas estão prestes a cruzar um limite perigoso:

1. Solicitar um empréstimo para pagar uma dívida.

2. Usar suas economias para pagar uma dívida.

3. Pagar despesas com o cartão de crédito que antes você cobria com dinheiro.

4. Usar mais da metade de sua renda mensal para cobrir as parcelas de suas dívidas.

5. Pagar apenas o valor mínimo do cartão de crédito porque o dinheiro não é suficiente para pagar o valor total correspondente ao mês.

O método *kakebo*

Há mais de cem anos, em 1904, Motoko Hani (1873-1957), após se tornar a primeira jornalista do Japão, fundar a escola feminina de ensino livre Jiyû Gakuen, cujos objetivos eram que as mulheres fossem livres e independentes, e a revista *A Companheira da Mulher*, teve uma ideia fantástica. Motoko pediu às leitoras de sua revista que fizessem algo muito simples, que anotassem suas receitas e despesas para assim poderem ter controle da economia doméstica, criando o método *kakebo*. A palavra "*kakebo*" não significa outra coisa senão «livro de contas para a economia doméstica», e esse método tinha como objetivo que as japonesas, armadas com lápis e papel, compreendessem sua relação com o dinheiro e não gastassem menos, mas soubessem em que gastavam, introduzindo o conceito de poupança, como partida fixa do orçamento.

Como elaborar seu orçamento usando um caderno

Mas basta de história e vamos ao prático. O *kakebo* é um método que ajuda as pessoas a melhorar a administração de suas receitas. Como? De uma maneira muito simples e eficaz; basta que você anote suas receitas e despesas, e estabeleça metas financeiras. Isso deve ser feito no início de cada mês e, em seguida, verifica-se semanalmente se você está cumprindo o que foi estabelecido. Para ajudá-lo a entender e, principalmente, a aplicar, vou explicar os aspectos básicos. Como já disse, segundo este método você deve começar anotando tudo.

- **Receitas.** É o valor exato de dinheiro que entra na sua conta bancária mensalmente. Se houver uma receita ou outras receitas que não vão diretamente para sua conta, você deve estar atenta para anotá-las também.

- **Despesas.** Estas se dividem em quatro tipos:

    - **Despesas de sobrevivência.** São todas aquelas que são indispensáveis para você. Estão relacionadas com a alimentação, serviços públicos, transporte (público ou privado), educação dos seus filhos, entre outros. Coincidem com as que chamei anteriormente de despesas fixas.

    - **Despesas de lazer ou opcionais.** São todas aquelas que possibilitam seu entretenimento ou distração, como sair para comer ou pagar pelo serviço de uma plataforma de *streaming*.

    - **Despesas com cultura.** São aquelas relacionadas com a compra de ingressos para o cinema e espetáculos, a compra de livros etc.

    - **Despesas extras.** São aquelas que cumprem, pelo menos, com algumas condições. Devem ser excepcionais, não podem ser repetitivas ou periódicas e, de certa forma, devem ser necessárias. Esta última condição é importante, pois, se for uma despesa que você pode evitar, deve evitá-la.

É muito importante a constância que você dedica ao detalhamento das despesas. A maneira mais fácil de registrá-las é guardar todos os comprovantes, assim você pode anotá-las antes de dormir ou enquanto toma o café da manhã. É importante que você categorize todas as despesas em uma das categorias anteriores.

Outro hábito muito útil é baixar os extratos bancários da página do banco para que você tenha à vista todos os movimentos da sua conta e possa classificar as despesas de maneira mais eficiente. Finalmente, você pode tirar fotos de todos os seus recibos, guardar as imagens em uma pasta e depois revisá-las e anotar suas despesas.

- **Metas financeiras**. Estas são sinônimo de poupança e devem corresponder a um valor fixo que você guardará semanal ou mensalmente. Lembre-se, não é o que sobra, mas sim um valor que você se compromete a economizar. Se for útil, pense nisso como o dízimo que os membros de uma igreja entregam para sua manutenção.

Finalmente, quando você registrar suas receitas, suas despesas e estabelecer suas metas, poderá determinar de qual orçamento precisa. Além disso, este orçamento poderá ser distribuído semanalmente para que você saiba de quanto dinheiro precisa a cada semana. No final, você ainda terá a opção de reservar um valor da sua receita e economizá-lo.

Gastar conscientemente

Como escrevi antes, o *kakebo* não se trata de não gastar, mas de estar consciente em que você gasta o dinheiro. Por isso, este método propõe algumas táticas que ajudarão a gastar conscientemente:

- **Não compre imediatamente**. Espere até o dia seguinte para verificar se realmente precisa ou deseja esse produto ou serviço. Claro, se no dia seguinte você ainda considerar que é uma boa ideia e puder pagar, então faça.

- **Ignore os dias de oferta.** Sim, é uma tática que vai contra a urgência promovida pela *Black Friday*, *Cyber Monday* e outros eventos de descontos. A menos que seja um produto que você planejou comprar e esperou pacientemente até que estivesse em promoção para adquiri-lo a um preço melhor. Por exemplo, como o aniversário do meu marido é no final de novembro, sempre espero que os shoppings lancem sua campanha de desconto do IVA.

- **Verifique o saldo da sua conta continuamente.** Não se trata de obsessão com o saldo, mas de controlar suas despesas. À medida que você souber quanto dinheiro tem, poderá tomar melhores decisões financeiras. Atualmente, os aplicativos dos bancos tornam isso muito fácil. Você pode até configurar o aplicativo para que envie uma notificação para o celular sempre que realizar uma despesa.

- **Tente pagar em dinheiro.** Fazer tudo de forma digital dificulta perceber quanto você gasta. Para colocar isso em prática, retire do caixa eletrônico a quantia exata de dinheiro que você estipulou no seu orçamento semanal e, claro, gaste apenas isso (não retire mais dinheiro!).

- **Peça os recibos de compra.** Lembre-se, o método *kakebo* baseia-se em estar consciente sobre em que você gasta e os recibos, bilhetes e faturas. Tudo o que ajuda a saber em que e quanto gastou será útil.

- **Identifique os estímulos que fazem você gastar e evite-os.** Se você gasta após ver certas contas nas redes sociais ou mata o tempo passeando pelo shopping enquanto espera que um de seus filhos termine suas atividades, então tente substituir essas situações.

Perguntas para refletir antes de comprar

Antes de realizar uma compra, reflita sobre estas perguntas:

- **Posso pagar?**
- **Realmente usarei?**
- **Tenho onde colocar isso em casa?**
- **Como soube que isso existia?**
  - Uma amiga, um amigo me contou?
  - Vi nas redes sociais?
  - Vi ou ouvi uma publicidade nos meios tradicionais?
- **Como me sinto antes de comprar?**
  - Ansiosa?
  - Estressada?
  - Triste?
  - Eufórica?
- **Como acho que me sentirei depois de comprar?**
  - Feliz?
  - Emocionada?

- Indiferente?
- Quanto tempo essa emoção vai durar?

Gasto emocional e terapia de compras

As despesas e as emoções estão intimamente relacionadas. Esta afirmação não é surpreendente, porque todas as nossas decisões e ações estão relacionadas às nossas emoções. Mas tendemos a ter dificuldade em vincular os gastos, algo que fantasiamos ser racional, com as emoções, algo que pensamos ser irracional. Comprar como uma forma de afastar emoções negativas, como tristeza, ansiedade ou tédio, é tão comum que tem um nome, chama-se "gasto emocional". Este tipo de gasto, mais do que uma ação, é um padrão que você pode identificar e procurar modificar. Daí que uma recomendação para evitar este tipo de gasto emocional e impulsivo seja reconhecer quais são as situações que o estimulam a comprar e quais são os tipos de bens ou serviços que você compra quando está emocionalmente alterada. Para ajudá-lo a perceber se você gastou impulsionado por uma emoção negativa, pergunte-se:

- **Em que situação você se encontrava antes de decidir comprar?**
- **Como você se sentia quando comprou?**
- **Como se sentiu no momento da compra e como se sentiu alguns dias depois?**

Talvez a parte mais difícil de evitar os gastos emocionais seja que, afinal, eles geram uma sensação de bem-estar. E não, não são ideias suas. Uma vez, quando estava na universidade, tive uma "emergência": uma crise amorosa. Lembro-me de que minha melhor amiga disse que tinha uma solução para o meu "problema": ir às compras. Ela me convenceu com o argumento de "Para que você tem todo esse dinheiro guardado? Aproveite" e tudo mais. Não pense que na época a proposta me parecia tão louca quanto agora, mas ainda assim fiz o que ela disse. Fomos às compras e, óbvio, aconteceu o que sempre acontece nessas situações: comprei algo de que não gostava e, além disso, como não sou detalhista, tinha um defeito. A situação me amargou duplamente: estava com o coração partido e o bolso vazio.

Em 2014, os pesquisadores Scott Rick, Beatriz Pereira e Katherine Burton publicaram o estudo "Os benefícios da terapia de compras: tomar decisões de compra reduz a tristeza residual", publicado no *Journal of Consumer Psychology*, no qual demonstraram por meio de experimentos que comprar pode servir como terapia para diminuir a tristeza. Parece que comprar nos devolve a sensação de controle sobre nossa vida. O problema com essa "terapia" é que o alívio é temporário e, claro, pode prejudicar seriamente nossas finanças.

Então, se você quer evitar os gastos emocionais, recomendo que substitua essa prática, que proporciona um alívio temporário e prejudica seu orçamento, por outra que também traga alívio, mas não envolva gastar. Por exemplo, caminhar, meditar ou conversar com uma amiga ou amigo pode ajudá-lo a relaxar.

Passe da teoria à prática

A melhor maneira de aprender é praticando, então proponho que você faça um exercício para tomar consciência de suas despesas e, claro, começar a controlar suas finanças. Este exercício é muito simples.

1. Pegue um caderno, o que mais gostar, e divida-o em várias seções: Casa, Trabalho e Empreendimento (se quiser iniciar um).

2. Na seção Casa:

- Liste todas as suas despesas fixas, com datas de vencimento (ou aproximadas). Se guardar alguns recibos, use-os para calcular a média de quanto somam suas despesas fixas.

- Identifique quais foram suas despesas extras. Anote tudo o que comprou no último mês e que sejam bens ou serviços que não precisava, não importa se foi em dinheiro, com débito ou com cartão de crédito.

- Liste suas comidas favoritas. Escreva todas as comidas de que você gosta e que deve comer para manter você e sua família saudáveis. Não deixe nada de fora. Inclua tudo o que vier à mente, desde as refeições elaboradas (as principais e os lanches) até as frutas.

- Elabore uma lista de desejos. Enumere as coisas que acredita que você e sua família precisam, um novo jogo de copos — ninguém aguenta mais seus copos de requeijão —, um novo micro-ondas, uma escrivaninha para as crianças etc.

- Liste os reparos que precisam ser feitos em casa: trocar um azulejo quebrado, limpar o mofo da parede e pintá-la etc.

3. Na seção Trabalho:

- Liste todas as tarefas que realiza diariamente, semanalmente e mensalmente.

- Escreva o que não gosta no seu trabalho.

- Escreva os benefícios que obtém do seu trabalho.

- Escreva o que gostaria de mudar no seu trabalho.

- Enumere os cursos que lhe seriam úteis para melhorar suas habilidades.

- Liste se pode receber benefícios como bônus ou rendas extras.

4. Na seção Empreendimento (opcional):

- Responda às seguintes perguntas (já as conhece): que tipo de problemas quero resolver? Que tipo de solução posso fornecer para resolver esse problema? Como posso criar um trabalho para mim ou para outras pessoas? Quando quero começar?

Depois de terminar de escrever, guarde o caderno e leia-o após 15 dias ou um mês. Usando as informações do caderno como base, você deve começar a planejar como alcançar alguns dos objetivos implícitos ou explícitos que surgem da análise dessas informações. Minha recomendação é que planeje usando uma agenda, não o mesmo caderno em que escreve, para que possa estar mais atenta às datas, como vencimentos de pagamentos e prazos de entrega.

Então, na agenda você deve:

- Ordenar todas as despesas fixas de acordo com suas datas de vencimento. O melhor é listá-las em colunas. Antes de anotá-las, analise muito bem as despesas extras para determinar quais você pode dispensar e reduzi-las.

- Planejar um menu semanal. Não se esqueça de levar em consideração o valor nutricional e as preferências familiares.

- Organizar a lista de compras. Sabendo do que gosta e precisa comer a cada semana, poderá saber o que deve comprar e quanto deve gastar.

- Listar os reparos que precisa fazer em casa de acordo com uma ordem de prioridade. Sugiro que sempre solicite três orçamentos para poder escolher o mais vantajoso.

Escrever à mão: por que e para que

É provável que você se pergunte por que e para que é necessário escrever à mão se atualmente podemos fazer isso no teclado do computador ou no celular e até podemos gravar mensagens de áudio. A resposta é porque escrever à mão:

- Ajuda-nos a compreender melhor a informação. Por outro lado, ao "traduzir" para nossas próprias palavras, conseguimos analisar e sintetizar as ideias e os conceitos, o que nos ajuda a fixá-los.

- Estimula nossa criatividade e imaginação ao aumentar nossa atividade neuronal e, portanto, incrementa nossa capacidade para resolver problemas.

- Facilita nossa concentração, porque estamos livres das interrupções causadas pelas notificações dos dispositivos, e permite-nos ir em uma velocidade menor do que normalmente vamos.

Ajuda-memória deste capítulo

Ao longo deste capítulo, falei sobre como, se você cuida da sua casa, cuida dos seus entes queridos, de si mesma e das suas finanças. Embora pareça simples demais, manter suas contas em ordem permitirá que você identifique em que está gastando e determine se são despesas das quais pode prescindir. A título de resumo, falei sobre:

- A economia doméstica, nascida como disciplina no século XIX, continua relevante, pois nosso estilo de vida, longe de se tornar mais simples, tornou-se mais complexo. Então, é necessário que levemos a sério o desafio de levar uma vida organizada.

- Existem diferentes tipos de despesas e cada um merece atenção. Não estar consciente das suas características pode desequilibrar as finanças. Claro, algumas despesas são difíceis de identificar, por isso é preciso estar muito atenta e procurar registrar todas as despesas.

- Felizmente, existem várias estratégias que podem ser usadas para controlar as despesas extras, como evitar comer fora e preparar a marmita para comer no trabalho.

- Decisões como alugar ou comprar uma casa também merecem reflexão, porque é possível que não seja conveniente para todas as pessoas.

- Assim como existem ideias que nos motivam a gastar, tomar consciência de por que você se endivida e como as dívidas podem ser classificadas ajudará você a gerenciá--las e a evitar que saiam do controle, colocando em risco seu equilíbrio financeiro.

- Gastar conscientemente é possível. Existe até um método simples, o *kakebo*, que ajuda a registrar todas as despesas e a tomar consciência daquilo em que você gasta.

3
ECONOMIZAR: O QUE, COMO E QUANDO

Digamos que seu objetivo é economizar, pois você ouviu que é bom, importante e conveniente. Seus pais já lhe disseram uma vez: "Se você economizar, sempre terá". Você ouve os bancos promovendo: "Programe sua poupança..." E até os comércios prometem: "Compre na X e economize mais". Mas como se economiza? Quais passos precisam ser dados para começar a fazê-lo? Neste capítulo vou falar sobre a economia como hábito e dar alguns conselhos para que você comece a praticá-lo o mais rápido possível.

Se você tivesse que responder a "o que é economizar", o que diria? Tome alguns segundos e pense nisso. Você pode até anotar o que entende por economizar. Fez isso? Vamos ver se se parece com alguma dessas definições:

- Reservar uma parte de seus rendimentos.
- Guardar dinheiro para cobrir necessidades futuras.
- Evitar gastar mais dinheiro do que o necessário.

Em que se parecem economizar e fazer dieta? Se alguma vez você tentou fazer uma dieta, saberá que não se trata de uma meta fácil de alcançar. Acontece que economizar não é menos difícil do que mudar de hábitos alimentares. Aproveitando a semelhança entre fazer dieta e economizar, quero explicar quatro razões pelas quais é difícil economizar dinheiro, as mesmas que dificultam que a maioria de nós tenha hábitos alimentares mais saudáveis.

1. Você sempre gasta no que quer, quanto quer e quando quer.
2. Falta de autocontrole.
3. Você acha mais fácil pagar por algo do que dedicar tempo para sua elaboração.
4. Sente que não tem tempo para nada.

1. Você sempre gasta no que quer, quanto quer e quando quer. Pergunte a si mesma quando foi a última vez que parou para pensar se realmente precisava comprar aquele secador de cabelo profissional com vários acessórios (você sempre vai ao salão de beleza e, quando não pode, usa a chapinha); se era necessário comprar outro par de tênis para correr (a última vez que correu foi para pegar o ônibus); e se era necessário fazê-lo numa sexta-feira às 10 da noite em uma loja on-line.

A economia não depende do nível de renda, mas das prioridades que temos.

(Sofía Macías)

2. Falta de autocontrole. Embora você tenha a firme intenção de não gastar mais do que o necessário, como não sabe exatamente quanto deve gastar, sempre gasta um pouco mais e mais até que já não sabe realmente quanto gastou. Por isso, é importante verificar os movimentos do seu cartão para saber em que está gastando.

3. Você acha mais fácil pagar por algo do que dedicar tempo para sua elaboração. Sente que não tem energia suficiente para fazer aquilo pelo qual acaba pagando. Por isso, parece mais conveniente almoçar na lanchonete perto do seu escritório do que cozinhar e levar marmita. Ou parece mais cômodo levar a roupa à lavanderia do que arrumar tempo no fim de semana para lavá-la em casa. Claro, não se trata de não pagar por nada, mas de escolher por quais bens ou serviços vale a pena pagar. Uma vez escolhidos, você terá que se esforçar para fazer o resto por conta própria.

4. Sente que não tem tempo para nada. E, já que não tem tempo para nada, então não resta outra opção a não ser pagar pelo que precisa: comida, roupa limpa e, especialmente, sentir-se bem. Porque gastar, na maioria das vezes, não se trata de satisfazer uma necessidade material, mas emocional. Quer sentir-se bem, não sabe o que fazer e, bem, gastar é o que está mais à mão. Lembre-se de que o tempo é a única coisa que não controlamos, mas o que fazemos com ele sim. Organize seu tempo (com dia e hora) para que possa aproveitá-lo ao máximo.

Quanto ao economizar, o melhor conselho que posso dar é ser disciplinada e perseverante. Tudo soma, por menor que seja o valor, e a longo prazo você verá os frutos. Além disso, há duas ações que você pode realizar. A primeira é definir objetivos a curto, médio e longo prazo. E a segunda é automatizar a transferência de um percentual mensal de seus rendimentos para uma conta poupança.

(Claudia, contadora)

Quanto o trabalho custa. Seguindo a filosofia do *kakebo*, proponho que faça o seguinte exercício sempre que estiver pensando em pagar por um produto ou serviço. Calcule quanto tempo leva para ganhar ou juntar o valor que deve pagar. Isso ajudará a saber quantas horas do seu tempo valem o que você quer comprar e, claro, se o gasto se justifica. Uma fórmula para realizar esse cálculo é somar todos os rendimentos que recebe e dividi-los pela quantidade de tempo (em horas) que levou para ganhá-los. Graficamente, a fórmula seria assim:

Rendimentos/horas trabalhadas = valor/hora. Dessa forma, você perceberá quanto esforço ou horas de trabalho deverá investir para cada gasto. Também será capaz de responder à pergunta: "Vale a pena pagar por essa roupa o dinheiro equivalente a dois dias do meu trabalho?"

Pare de sofrer! Confesso que sempre quis dizer essa frase a todos que me contam "histórias trágicas" sobre como o dinheiro que ganham não é suficiente, mas o que realmente digo é "Você está usando a técnica errada". Quase todos usamos a técnica errada para iniciar um novo hábito. Não sou eu quem diz, são os cientistas, segundo a jornalista Tara Parker-Pope. De acordo com os estudos citados por ela no artigo "Dicas para criar novos hábitos saudáveis", a maioria de nós estabelece uma meta muito ambiciosa sem definir nenhum objetivo intermediário mais fácil de alcançar, que nos indique que estamos indo pelo caminho certo e nos motive a avançar pouco a pouco. Em outras palavras, você quer começar a economizar amanhã mesmo sem ter dado os passos necessários para que isso seja possível. Mas minha intenção não é repreender você, mas ajudar. Então, compartilho alguns conselhos para que possa dar esses passos e adotar novos hábitos financeiros.

- Una o novo hábito a um antigo. Se você é daquelas pessoas que mantêm uma agenda com todas as tarefas do dia, aproveite esse hábito para desenvolver o costume de anotar todas as suas despesas diárias. Isso permitirá que você esteja consciente de quanto gasta diariamente e em que.

- Comece aos poucos. É mais fácil começar deixando de comprar o chocolate que come todos os dias à tarde e economizar esse pequeno valor do que deixar de sair com suas amigas e economizar um valor maior. O objetivo é começar a economizar pequenas quantias e, uma vez acostumada, passar a economizar quantias maiores.

- Elimine os obstáculos. No Uruguai, diríamos "Não complique as coisas". Ou seja, mudar de hábitos já é difícil por si só, então é fundamental eliminar todos os obstáculos que impeçam você de economizar. Por exemplo, nunca, mas nunca, vá ao supermercado com fome ou cansada, pois comprará mais do que deveria e até produtos que nem interessam a você. A explicação científica é que evoluímos para armazenar a maior quantidade de energia possível sempre que encontramos alimentos depois de passar fome, já que não sabemos quando haverá comida disponível novamente. Então, quando vamos ao supermercado com fome, agimos como os caçadores-coletores da pré-história: pegamos toda a comida que podemos.

- Dê-se uma recompensa. Como a recompensa por economizar pode demorar a ser desfrutada, é fundamental que você obtenha alguma recompensa antes por esse novo hábito que está tentando consolidar. Para se recompensar pelo dinheiro economizado ao deixar de sair para comer com as amigas, você pode permitir-se comprar o sorvete de que mais gosta e assistir à sua série on-line preferida. Assim, não só sentirá que se recompensou pelo objetivo alcançado, mas também relaxará ao final de uma semana de trabalho.

Aprenda a economizar

Um hábito não pode ser jogado pela janela, deve ser persuadido a descer as escadas passo a passo.

(Mark Twain)

Como sugere a frase do escritor Mark Twain, é muito difícil deixar um hábito sem substituí-lo por outro. Por exemplo, se identificar que sair com seus amigos para comer pode resultar em um gasto muito grande para seu orçamento — de alguns milhares de pesos —, não pode simplesmente cortar as saídas e deixar de ver seus amigos. O recomendável é que busque uma alternativa. Uma opção pode ser organizar reuniões em sua casa. Definitivamente, essa será uma "saída" que terá um impacto menor em seu orçamento mensal. Então, o primeiro conselho para aprender a economizar que quero compartilhar com você é:

Identifique quais são seus hábitos financeiros e mude aqueles que levam você a gastar mais do que deveria.

Além disso, uma vez iniciado o processo de mudança, você pode aproveitar para modificar outros hábitos pouco convenientes para a saúde de suas finanças. Um desses é dividir igualmente uma conta em que cada um contribuiu de forma diferente. Voltando ao exemplo das saídas com os amigos, é esperado que em uma refeição haja quem coma mais, beba mais ou, simplesmente, peça pratos ou bebidas mais caros. O que não é habitual é que cada um pague pelo que consumiu, pois tende a ser visto como de mau gosto ou "mesquinharia" ficar fazendo a conta para ver quanto cada um deve pagar. O problema com esse hábito é que deixamos de nos responsabilizar por nossos gastos e deixamos de ter consciência de quanto estamos gastando. Da mesma forma, caso organize uma reunião em sua casa, o ideal seria que cada um levasse o que quiser beber, pois assim haverá equidade no gasto. Não gastará o mesmo a pessoa que quer tomar cerveja que aquela que prefere beber suco de laranja. E não se trata de julgar ninguém, mas de cada um assumir a responsabilidade por seu gasto. Assim, o segundo conselho para aprender a economizar que ofereço a você é:

Tenha consciência de seus gastos e responsabilize-se por eles.

Como construir a economia? Para entender como economizar, você deve partir da seguinte premissa: de seus rendimentos, deve separar aproximadamente 70% para cobrir todas as suas despesas e 30% para construir sua poupança. Agora, não se trata simplesmente de guardar um valor e pronto, pois a vida é muito mais complexa do que gostamos de admitir. E digo complexa, e não complicada, porque entendo a primeira como uma situação em que diversos fatores intervêm e a segunda como uma que é difícil de entender dada sua natureza. Se você se pergunta: "E o que acontece se com 70% dos meus rendimentos não consigo cobrir todas as minhas despesas?" Volte ao capítulo "Primeiro o primeiro, falemos de rendimentos" e revise o que falamos. São apenas algumas sugestões, então não pretendo esgotar o que você pode fazer ou tentar. Mas voltemos à economia, complexa, mas não complicada. Esses 30% que você economiza de seus rendimentos devem ser divididos em:

- 10% Economia de emergência.

- 10% Economia real ou de longo prazo.

- 10% Economia para você.

10% Economia para emergências. É aquele dinheiro que você deve ter para cobrir suas despesas por um período de seis meses a um ano, caso fique sem trabalho. Também serve para cobrir despesas inesperadas relacionadas à manutenção da casa: um cano estourado, um pneu do carro furado que precisa ser trocado etc. Sempre tive uma economia para emergências. Claro que tudo depende do que cada um chama de emergência.

10% Economia real ou de longo prazo (aposentadoria). Esse dinheiro é intocável. Você deixará de consumir ou gastar no presente para que, no futuro, quando estiver aposentada ou aposentado, não fique sem dinheiro suficiente para passar os últimos anos de sua vida confortavelmente. No Uruguai, cerca de 29% das pessoas aposentadas recebem menos de 500 dólares mensais. Além disso, não quero te assustar, mas o INSS enfrenta desafios financeiros há muitos anos e os fundos de pensão privados também não garantem uma boa renda futura. Falaremos sobre isso mais adiante, bem como sobre a importância de conhecer o conceito de "juros compostos". Em resumo, o INSS pode não cobrir todas as despesas básicas que você terá na velhice.

10% Economia para você (educação e luxo). Pode parecer contraditório, porque a economia tende a ser percebida como um ato de renúncia, mas realmente se trata de guardar agora para poder gastar mais tarde, mas não em qualquer coisa, e sim em algo que realmente valha a pena. Esta parte da sua economia deve ser dividida em duas:

- Dedique 5% à sua formação. O objetivo é que anualmente você possa pagar dois cursos ou mais que sejam de seu interesse e que contribuam para seu desenvolvimento pessoal e sua atualização profissional. Com base no estudo *The future of employment: how susceptible are jobs to computerization*, realizado pela Universidade de Oxford, o jornalista Andrés Oppenheimer comenta em seu livro

Salve-se quem puder! que, nos próximos 20 anos, entre 23% e 47% dos empregos atuais terão sido perdidos, dependendo do país e do setor.

- Dedique os outros 5% ao luxo. Suponho que, quando leu "luxo", você se animou e disse: "Finalmente!". Bem, economizar não deve ser sinônimo de sofrimentos nem privações, pelo contrário, está relacionado à possibilidade de satisfazer suas necessidades por meio da racionalização de seus gastos. Você tem que se dar ao luxo, tem que viver bem [APLAUSOS], mas para isso precisa estar tranquila e ter suas contas em ordem. Quando isso acontecer, você poderá dizer a si mesma: "Meu luxo eu mereci, mereço e não tenho dívidas com ninguém". Pense nisso: frequentemente gastamos como se estivéssemos programados para fazê-lo, agimos no modo automático, sem perguntar o preço, sem buscar melhores ofertas e sem pensar se realmente temos fundos suficientes para cobrir outras despesas importantes. Mas o desfrute e o luxo também devem ser planejados. De fato, estabelecer como meta de economia uma viagem é uma boa maneira não só de desfrutar sem arriscar seu bem-estar econômico, mas também de motivar-se a economizar. Evitar gastar dinheiro sem um propósito é um objetivo difícil de alcançar. Se não tem um bom motivo para economizar, com certeza encontrará um bom motivo para gastar seu dinheiro.

Se você vive para ter tudo, o que tem nunca é suficiente.

(Vicki Robin)

Conselhos simples que te ajudarão a economizar

- Aproveite o serviço que a página web e o app do seu banco oferecem para automatizar a economia. Dessa forma, o valor que você decidiu economizar será o primeiro a ser debitado, e não o último. A vantagem da automatização é que o ato de economizar não dependerá da sua memória nem da sua força de vontade.

- Como no ponto anterior, programe o pagamento dos serviços pelo site do banco.

- Revise seus extratos bancários do cartão de débito e crédito para detectar aquelas despesas que foram feitas fora do orçamento.

- Converse sobre opções de economia com pessoas que entendem do assunto. Consultar os melhores é essencial para obter bons resultados. Claro, estude cada opção com cuidado.

- Antes de tudo, compare as diferentes ofertas dos bancos e identifique aquele que têm tudo de que você precisa. Pesquise as diversas opções que os bancos oferecem e avalie o que o banco oferece de acordo com seu estilo de vida e necessidades: viagens, roupas, restaurantes, passagens...

- Regra dos 50, 20 e 30. Outra forma de fazer a conta: 50% para cobrir despesas fixas; 20% despesas variáveis (presentes, lazer etc.); 30% para a poupança. Por exemplo, se tiver uma hipoteca, esta só pode representar 30% de seus rendimentos.

Básicos para a economia. Para Sofía Macías, autora de *Pequeño cerdo capitalista*, há alguns critérios básicos que você deve ter em mente para economizar:

- Não deixe para o final, porque nunca sobra.

- Crie o hábito. Coloque um lembrete ou alarme que te lembre que deve economizar.

- "Tire de mim, senão eu gasto". Configure sua conta bancária de forma que o banco retenha um valor fixo mensal, que pode aumentar ao longo do tempo. Esse valor pode ser colocado em uma ferramenta de investimento para que gere juros. E, se não for o seu banco, pode ser seu empregador a reter uma parte do salário.

- Procure um cúmplice. Apoie-se em alguém que te ajude a manter o hábito de economizar. Claro que deve ser alguém que compartilhe seu interesse pela economia.

- Tenha cuidado com as ofertas. Elas podem ser muito atraentes e te convidam a gastar. Lembre-se do que expus na seção "Como controlar os gastos silenciosos".

Definindo suas metas de economia. Se não tem suas metas bem definidas, não será possível economizar. Por isso, é fundamental que determine o que quer fazer, de quanto dinheiro precisa para isso, a partir de quando começará e, muito importante, que ações realizará para poder economizar.

Meta/lapso	Em quê?	Quanto custa?	Quando começarei?	O que farei para obter?	Data-meta
Curto prazo	Reforma da casa				
Médio prazo	Viagem à Europa				
Longo prazo	Compra de carro				

Algumas técnicas de economia

- Guarde o dinheiro em envelopes. Sim, como sua avó ou bisavó faria. Este método tem quatro etapas: calcular seus rendimentos mensais, criar um orçamento com categorias de despesas, atribuir um valor a cada despesa e monitorar seus gastos. Como outros métodos, este tem suas vantagens e desvantagens.

  - As vantagens são que lidar com dinheiro em espécie tornará mais difícil gastá-lo sem perceber ou guiada por emoções. Além disso, o esforço de se organizar fará com que seja mais difícil gastar esse dinheiro que custou tempo e esforço, não apenas para ganhá-lo, mas também para organizá-lo. E ver que gastou todo o dinheiro disponível em uma categoria de despesas servirá como indicador de que não pode continuar destinando dinheiro a esse tipo de gasto até o próximo mês.

  - Uma desvantagem do método dos envelopes é que, ao usar apenas dinheiro em espécie, você não poderá se beneficiar dos programas de fidelidade oferecidos pelos bancos, que geralmente incluem descontos nas compras. Outro risco é perder ou ser roubada.

- Guarde em uma caixa ou garrafa todo o troco que sobrar das compras. Eventualmente, terá economizado um valor interessante. Essa tática pode ser aplicada guardando apenas moedas ou notas de certo valor, por exemplo, moedas de 10 ou notas de 50, ou guardando qualquer troco.

4

INVESTIMENTO: PENSAR NO FUTURO

Investir não é simples, pois não abundam as oportunidades nem os instrumentos de investimento. Mas, antes de reclamar por não poder investir, recomendo que se concentre em que isso é possível. No entanto, há dois passos que deve dar antes de realizar qualquer investimento. O primeiro deles, que você já deve imaginar, é economizar. Se não tiver um dinheiro extra, depois de pagar suas contas, não terá o que investir. O segundo passo é guardar esse dinheiro em uma conta bancária, não só por segurança, mas porque dessa forma será mais difícil cair na tentação de gastá-lo. Então, com dinheiro economizado no banco, você já pode começar a avaliar as possibilidades de investimento.

Este livro não é o espaço adequado para se dedicar a analisar cada um dos instrumentos de investimento disponíveis no mercado financeiro uruguaio. No entanto, quero comentar alguns dos que parecem mais interessantes. Claro, minha recomendação é de que você tome seu tempo para obter todas as informações necessárias e as avalie bem antes de tomar qualquer decisão.

Alguns instrumentos de investimento

- **Comprar moedas estrangeiras:** esta é uma prática tradicional e segura. Consiste em comprar dólares e guardá-los em uma conta-poupança em dólares para proteger seu dinheiro da desvalorização. Uma vantagem desse investimento é que, se sua conta em dólares estiver no mesmo banco que sua conta em pesos, não haverá cobrança pela transferência.

- **Investir em imóveis:** outro investimento tradicional no Uruguai é comprar um imóvel. Felizmente, existem diferentes alternativas ao investir em um imóvel, como comprá-lo na planta, quando seu preço é mais baixo, ou participar de um fundo fiduciário que é gerido pela própria empresa construtora. Uma vantagem dessa última possibilidade é que você pode se retirar do fundo e recuperar seu dinheiro quando quiser.

- **Depósito a prazo fixo:** a melhor opção, por ser a mais segura, é depositar uma quantia de dinheiro a prazo fixo. Isso significa que você entrega seu dinheiro ao banco por um período determinado para que ele o invista, comprometendo-se a devolver essa quantia acrescida de uma porcentagem dos juros gerados. Esse tipo de investimento é seguro, mas pouco atraente por duas razões: você fica um tempo sem ter acesso ao seu dinheiro e a porcentagem paga pelos bancos é baixa.

- **Carteira de investimentos:** este instrumento oferece a possibilidade de obter um retorno, um juro entre 1% e 2%, mas também liquidez, pois você continua tendo seu dinheiro disponível, ao contrário de outros tipos de investimento. Ou seja, pode retirar o dinheiro sem ter que esperar um período determinado. Claro, você deve ler as letras miúdas e garantir que não haja penalidades por retirar seu dinheiro antes do prazo. Outra vantagem de investir em uma cesta de títulos é que não é necessário investir muito dinheiro; com um valor de 1.000 dólares você pode começar. Mas nem tudo que reluz é ouro. Uma desvantagem desse tipo de investimento é que ele é um pouco mais complexo do que, por exemplo, guardar seu dinheiro a prazo fixo.

- **Plataformas:** graças à internet, surgiram novos serviços em todas as áreas, e o mundo dos investimentos não ficou para trás. Existem diferentes tipos de plataformas que oferecem diversas oportunidades de investimento, incluindo a compra de cheques a prazo. Comprar um cheque cujo pagamento está a prazo implica que ele só poderá ser cobrado após um determinado período, por exemplo, 30 dias. A vantagem para quem vende o cheque é que recebe o dinheiro antes e a vantagem para quem o compra é que pode pagar um valor menor do que o valor nominal e ficar com a diferença quando finalmente cobrar o cheque.

- **Criptomoedas:** as chamadas moedas virtuais são um tipo de moeda que só está disponível virtualmente. Para adquirir qualquer uma das criptomoedas disponíveis, é necessário usar um aplicativo ou plataforma. Existem várias criptomoedas, embora a mais conhecida seja o Bitcoin. Investir em criptomoedas pode ser tão arriscado quanto atraente pela simples razão de que seu preço pode variar drasticamente, gerando um grande lucro quando vendidas ou uma grande perda quando seu valor cai. As criptomoedas podem ser usadas para pagar produtos ou serviços em plataformas.

Embora o investimento mais seguro seja aquele que você possa fazer com seu banco, no mercado financeiro existem diferentes opções. Sem dúvida, você deve garantir que a organização com a qual decide investir esteja regulada pelo Banco Central do Brasil. Isso garantirá a segurança do seu investimento. E, para finalizar, gostaria de dar mais um conselho: estude o mercado para procurar conhecer todas as possibilidades existentes.

Lembre-se de que você pode fazer qualquer coisa que se proponha, mas isso requer ação, perseverança e enfrentar seus medos.

(Gillian Anderson)

Pensando no futuro: um seguro

Colocar suas economias em algum dos instrumentos oferecidos pelo sistema bancário ou financeiro não é a única opção que você deve considerar. Minha sugestão, depois de dedicar vários anos à venda de apólices de seguro, é que pense no futuro e avalie a possibilidade de contratar um seguro. Pode parecer um pouco lúgubre, mas contratar uma apólice não tem a ver com ser pessimista, mas com ser previdente e tentar estar preparada para contratempos. Assim, se você quiser se sentir mais tranquila em relação ao futuro da sua família, avalie as diferentes apólices oferecidas por seguradoras e bancos, pois, por um valor que não chega a 200 dólares anuais, sua família terá um respaldo econômico em caso de algum acontecimento.

Além disso, existem diferentes tipos de seguros, não todos estão relacionados ao falecimento, mas também servem para prever o aparecimento de alguma doença ou condição que dificulte ou incapacite você para o trabalho. Igualmente, existem outros seguros que servem para resguardar seu carro, sua casa ou sua empresa. Aqui não quero me aprofundar, mas conto brevemente quais tipos de seguros o mercado oferece.

Seguro de vida

Um seguro de vida é uma ferramenta financeira que oferece proteção aos seus entes queridos em caso de falecimento. Sim, eu sei, não é fácil imaginar não estar presente na vida da nossa família, mas é uma possibilidade que está fora do nosso controle. O que podemos controlar é economizar para deixar um dinheiro para nossos entes queridos. Para que você pense melhor, compartilho algumas razões pelas quais deveria considerar a contratação de um seguro de vida:

- **Segurança financeira para sua família:** se você é a principal fonte de sustento econômico da sua família, um seguro de vida pode fornecer o respaldo financeiro necessário caso você não esteja mais lá para cuidar deles.

- **Cobrir dívidas e despesas:** se você tem dívidas pendentes, como hipotecas, empréstimos estudantis ou cartões de crédito, um seguro de vida pode ajudar seus beneficiários a pagar essas dívidas, evitando que o pagamento recaia sobre eles.

- **Educação dos filhos:** se você tem filhos, um seguro de vida pode garantir que terão os recursos necessários para sua educação e futuro quando você não estiver presente.

- **Funeral e despesas finais:** os custos de um funeral e outras despesas finais podem ser altos. Um seguro de vida pode ajudar a cobrir esses gastos e aliviar a carga financeira dos seus entes queridos.

Seguro residencial

Também conhecido como seguro do proprietário, é uma proteção para sua casa e bens. Algumas vantagens de contratar um seguro residencial são:

- **Proteção contra perdas:** um seguro residencial cobre danos e perdas causados por eventos como incêndios, roubos, vandalismo e desastres naturais. Isso significa que você poderá reparar ou comprar outra casa e pertences em caso de um evento inesperado. Além de cobrir a estrutura da sua casa, o seguro residencial também pode cobrir a perda dos seus pertences, como móveis, roupas e eletrodomésticos, em caso de danos ou roubos.

- **Responsabilidade civil:** se alguém se machucar na sua propriedade, o seguro residencial pode cobrir os gastos médicos e legais associados. Isso protege você de possíveis ações judiciais e responsabilidades financeiras.

- **Requisito hipotecário:** se você tem uma hipoteca, é provável que seu banco exija que tenha um seguro residencial. Isso protege tanto seu investimento quanto o deles em caso de danos à propriedade.

- **Despesas adicionais de moradia:** se sua casa se tornar inabitável devido a um evento coberto pela apólice, o seguro residencial pode cobrir as despesas de hospedagem temporária, refeições e outros gastos relacionados.

Seguro do carro

Acho que não preciso dar muitos argumentos sobre a necessidade de ter um seguro para o carro. De qualquer forma, o que preciso te dizer é que a escolha do melhor seguro para o seu carro depende de vários fatores, como sua localização, o tipo de veículo que você tem, suas necessidades de cobertura e seu orçamento. No entanto, posso mencionar algumas coberturas essenciais que costumam oferecer uma ampla proteção:

- **Responsabilidade civil:** esta é uma cobertura obrigatória e cobre os danos que você possa causar a terceiros em caso de um acidente.

- **Cobertura contra colisões:** esta cobre os danos ao seu próprio veículo em caso de um acidente, independentemente de quem seja o responsável.

- **Cobertura integral:** esta cobre danos ao seu veículo que não sejam causados por colisões, como roubos, vandalismo, incêndios e desastres naturais.

- **Lesões pessoais:** esta cobre suas despesas médicas e as dos seus passageiros em caso de um acidente.

- **Cobertura de motoristas sem seguro ou com seguro insuficiente:** esta te protege se você for atingido por um motorista sem seguro ou com seguro insuficiente.

- **Assistência na estrada:** esta fornece ajuda em caso de avarias ou problemas na estrada, como necessidade de reboque ou ajuda com pneus furados.

- **Cobertura de aluguel de carros:** se você precisar alugar um veículo devido a um acidente, esta cobertura pode ajudar a cobrir os custos.

Em todos os casos, recomendo falar com diferentes companhias de seguros, obter cotações e discutir suas necessidades com um agente para encontrar a cobertura mais adequada para você. É importante ler os termos e condições da apólice e garantir que você entenda o que está incluído na cobertura e o que não está.

Previdência privada

Os seguros de aposentadoria, também conhecidos como seguros de renda vitalícia, estão projetados para fornecer renda e segurança econômica durante a aposentadoria. Este tipo de seguro tem uma primeira etapa em que você faz contribuições para sua apólice. Este dinheiro é investido pela seguradora em fundos que ela gerencia para gerar rendimentos ao longo do tempo. É importante que você considere que os seguros de aposentadoria podem variar em termos de características, custos e opções. Antes de adquirir um, é recomendável que você pesquise e entenda os detalhes da apólice, assim como considere um aconselhamento financeiro profissional para garantir que seja a opção adequada para suas necessidades e seus objetivos de aposentadoria.

Os benefícios de um seguro de vida são:

- **Segurança financeira:** oferece uma garantia de renda durante a aposentadoria, o que ajudará você a manter um nível de vida confortável e previsível.

- **Crescimento de fundos:** como seu dinheiro é investido, ele aumentará idealmente ao longo do tempo, superando a inflação.

- **Flexibilidade no planejamento:** os seguros de aposentadoria frequentemente permitem a personalização dos pagamentos e a possibilidade de ajustar a estratégia de investimento conforme suas necessidades.

- **Período de acumulação:** com este tipo de seguro, você pode escolher por quanto tempo deseja acumular fundos antes de começar a receber renda de aposentadoria. Durante esta etapa, você pode realizar mudanças nos investimentos e ajustar suas contribuições conforme suas necessidades e objetivos.

- **Possível proteção contra a longevidade:** as rendas vitalícias garantem que você receba uma renda independentemente de quanto tempo viver.

- **Fase de aposentadoria:** quando você decidir se aposentar, pode converter o saldo acumulado em renda regular, seja como uma renda vitalícia (pagamentos mensais garantidos para o resto da vida) ou como uma renda temporária (pagamentos por um período específico).

Seguro de viagem

Como não quero me repetir, em vez de falar sobre como funciona uma apólice que você pode contratar quando viaja e suas vantagens, vou contar uma história (breve).

Um casal de amigos decidiu viajar para Salvador, na Bahia, Brasil. Eles ficariam dez dias em um hotel *all inclusive*, então decidiram não levar seus cartões de crédito. Além disso, haviam contratado um seguro de viagem que, acreditavam eles, cobriria até 60 mil dólares em despesas médicas. Mas minha amiga decidiu levar os cartões por precaução, caso quisessem comprar algo, um capricho.

Chegaram a Salvador. Foram à praia e meu amigo interpretou mal uma sinalização: acreditou que a zona de perigo indicada por uma bandeira vermelha não era tão perigosa. A má interpretação (para não chamar de outra coisa) resultou em uma clavícula quase pulverizada devido à forte ondulação. Felizmente, não aconteceu nada mais grave na praia, mas o pior estava por vir.

Meu amigo precisou de uma cirurgia para reconstruir a clavícula, que, apesar de custar 20 mil dólares, esgotou a cobertura. "Como era possível?", perguntaram-se meus amigos. Naquele momento descobriram (não tinham lido bem o contrato) que 20 mil dólares era o valor máximo que o seguro de viagem cobria e que o custo dos materiais médicos, neste caso pinos e fios de aço, não estava coberto. Felizmente, a intervenção foi coberta porque era possível que esta estivesse incluída entre as exclusões específicas da apólice, assim como poderia ter ocorrido com a natureza da lesão ou as circunstâncias em que ocorreu. Então, se o seguro não tivesse concordado em pagar e meus amigos não tivessem os cartões de crédito, quem sabe o que teria acontecido? E, embora tenha havido muitas idas e vindas, no final o seguro reembolsou 7.500 dólares, mas como crédito.

Por tudo isso, é fundamental ler atentamente os termos e condições da apólice antes de comprar um seguro de viagem e garantir que você compreenda o que está coberto e o que não está.

No final, como acontece com outros tipos de investimentos, antes de decidir qual tipo de seguro contratar, você deve avaliar bem suas necessidades e as opções oferecidas pelo mercado. No Uruguai, você pode escolher entre a oferta do Banco de Seguros do Estado (BSE) e de diferentes empresas de seguro privadas.

5

A IMPORTÂNCIA DE AGRADECER

Ao longo deste livro, falei sobre dinheiro e a importância de administrá-lo corretamente para garantir seu bem-estar material. Mas não gostaria que você ficasse com a ideia de que o material é o aspecto mais importante da sua vida. Também não pretendo dizer, no final do livro, que isso é irrelevante. O que eu gostaria é que você pensasse que o bem-estar ou a felicidade, uma ideia mais ambiciosa, não se alcança apenas por meio do material. Na verdade, se o material garantisse nosso bem-estar, milhares de pessoas se sentiriam perfeitamente bem graças a seu carro, seu celular ou às férias das quais acabaram de retornar. Mas, lamentavelmente, não é assim. E é que a felicidade, usando o termo como sinônimo de bem-estar, é um sentimento que não está vinculado à posse de um ou muitos objetos, mas à maneira como percebemos e avaliamos nossa vida. Por isso, sentir-se grata por suas conquistas é fundamental para sentir-se feliz ou satisfeita com sua vida. Quando você agradece o que tem, em vez de focar o que falta, você se sente feliz. A gratidão ajuda a apreciar o que você tem e a encontrar satisfação nas pequenas coisas da vida.

Felizmente, não é necessário ter muito dinheiro para ser feliz. Na verdade, muitas vezes, as pessoas mais felizes são aquelas que têm menos coisas materiais, mas sabem apreciar o que têm. Em vez de se concentrarem no que não têm, essas pessoas agradecem o que têm e encontram felicidade nas coisas simples da vida, como passar tempo com a família ou ter a oportunidade de se dedicar a uma atividade de que gostam.

A gratidão também ajuda a se sentir bem consigo mesma e com os outros. Quando você agradece a alguém por algo que fez por você, reconhece seu esforço e dedicação. Isso não apenas faz com que a outra pessoa se sinta bem, mas também faz você se sentir bem. Além disso, a gratidão fortalece as relações interpessoais e ajuda a construir laços mais fortes com as pessoas ao seu redor. Assim, a gratidão é uma ferramenta poderosa para alcançar a felicidade.

Da próxima vez que se sentir triste ou desanimada, concentre-se naquilo pelo qual deve estar agradecida. Pense nas pessoas que te amam e nas que você ama, nas suas conquistas e em todas as experiências que te fizeram crescer como pessoa. Verá que a gratidão é um caminho para a felicidade e que não é preciso ter muito para se sentir bem consigo mesma e com os outros.

REFERÊNCIAS

Arcuri, N. (2018). *Me poupe!: 10 passos para nunca mais faltar dinheiro no seu bolso*. Sextante.

García, H. & Miralles, F. (2016). *Ikigai: Los secretos de Japón para una vida larga y feliz*. Urano.

Kiyosaki, R. T. (2018). *Padre rico, padre pobre*. Debolsillo.

Macías, S. (2014). *Pequeño cerdo capitalista*. Aguilar.

Mainzer, B. & Natali, E. (2021). *Educación financiera, asignatura pendiente*. Altea.

Molinari, P. (2012). *El salto del dueño: El camino de la profesionalización*. Temas.

Oppenheimer, A. (2014). *¡Sálvese quien pueda!: El futuro del trabajo en la era de la automatización*. Debate.

Parker-Pope, T. (22 de enero de 2021). Consejos para crear nuevos hábitos saludables. *The New York Times.* https://www.nytimes.com/es/2021/01/22/espanol/habitos-saludables.html.

Rick, S.; Pereira, B. & Burton, K. (2014) Os benefícios da terapia de compras: tomar decisões de compra reduz a tristeza residual. Journal of Consumer Psychology, Nova York. https://www.researchgate.net/publication/259520781_The_Benefits_of_Retail_Therapy_Making_Purchase_Decisions_Reduces_Residual_Sadness.

Obras consultadas

Álvarez, R. (2020). *Neurona financiera*. Ediciones B.

Buffett, M. & Clark, D. (2020). *Warren Buffett y la interpretación de estados financieros*. Planeta.

Carroll, R. (2018). *El método bullet journal*. Planeta.

Chiba, F. (2018). *Kakeibo: The Japanese art of saving money*. Penguin.

Cortella, M. S. (2018) *¿Por qué hacemos lo que hacemos?* Alienta.

Criado-Pérez, C. (2022). *Mulheres invisíveis: O viés dos dados em um mundo projetado para homens*. Intrínseca.

Estrada, H. (2022). *Dueña de tu dinero*. Editorial El Ateneo.

Fons, R. (2022). *Crece y hazte rico*. Planeta.

Gracia, D. & Gracia, R. (2020). *El método rico: La guía definitiva para conseguir éxito y dinero*. Edición de autor.

Kahneman, D. (2014). *Pensar rápido, pensar despacio*. Debolsillo.

Muñoz, S. (2016). *Claves en finanzas personales*. Edición de autor.

Oberlander, R. & Shahaf, R. (2018). *El AVC del marketing digital*. Planeta.

Raffo, L. (2016). *La economía al alcance de todos*. Aguilar.

Rioverde, U. (2020). *El sentido común nos ahorra tonterías*. Edición de autor.

Sampaio, M. (2022). La historia de Blanche Kambou: de Burkina Faso a instalarse y emprender en Uruguay. *El País*. https://www.elpais.com.uy/eme/mujeres/historia-blanche-kambou-burkina-faso-instalarse-emprender-uruguay.html.

Tracy, B. (2008). *El camino hacia la riqueza*. HarperEnfoque.

Uwagba, O. (2019). *Little black book para mujeres trabajadoras*. Lumen.